AF199602

Anita Lehmann

Glückliche Tage
am Meer

Ein anderes Reisetagebuch
Teil 5

Es ist eine Gemeinschaftsarbeit.
Von der Autorin ist nur der Text, die
technischen Details
übernahm wie immer
Frank Ralf.
Danke.

Bibliografische Information der Deutschen Nationalbibliothek:
Die Deutsche Nationalbibliothek verzeichnet diese Publikation in der
Deutschen Nationalbibliografie; detaillierte bibliografische
Daten sind im Internet über http://dnb.dnb.de abrufbar.

1. Auflage Juli 2020

https://www.facebook.com/AnitaLehmannReise
https://www.facebook.com/anita.lehmann.9279807

Herstellung und Verlag:
BoD – Books on Demand, Norderstedt

ISBN: 978-3-7519-0256-4

Inhalt:

I. KREUZFAHRT ÖSTLICHES MITTEL-MEER

GENUA

Vor etlichen Jahren erhielt ich meinen ersten Auftrag als Reisebegleiterin einer Schiffsreise. „Kreuzfahrt durch das östliche Mittelmeer" lautete die Reise, die mit dem Bus in der Heimat begann und ab Genua mit der „MSC Rhapsody" ihre eigentlichen Ziele erreichen sollte.

Mit dem größten Koffer, der sich in meinem Besitz befand, dazu „Seesack", Stadtrucksack und Büchertasche, verließ ich wie immer 4.15 Uhr das Haus. Dann war alles wie gewohnt:
Bus, Fahrer, Gäste, Einstiege, Pausen, Zwischenübernachtung am Gardasee.
Frühling: laue Luft und nachts Gewitterregen, frisches Grün an Pflanzen und Bäumen (eben Frühling), blühende Magnolien, Glyzinien, Hibiskus.
Busanfahrt nach Genua über Pesciera, Brescia, Cremona und Piacenza. Nach der flachen Po-Ebene wurde die Landschaft abwechslungsreicher; wir fuhren über den Ligurischen Apennin. Mehrfach überquerten wir den Fluss Scrivia, in dessen breitem, von Felsen gesäumten Flussbett ein schmales Rinnsal floss. Bei Tortona entdeckte ich eine alte mittelalterliche Steinbrücke; alle anderen Konstruktionen, und davon gab es eine Vielzahl, waren modern. Kurvenreich, in fantastischer Landschaft, zog sich die Autobahn Richtung Genua hin.
Auf dem Stadtplan war der Hafenkai, unsere Anlegestelle, eingezeichnet. Die Fahrt durch das Hafengelände erfolgte problemlos.

Noch während die Koffer verladen wurden, „stürmten" die ersten Gäste voraus Richtung Schiff. Ich konnte es nicht verhindern, aber wie sich in der Folgezeit herausstellte, wäre es besser gewesen, wenn wir geschlossen gegangen wären. So bildete ich zusammen mit einem gehbehinderten Ehepaar die „Nachhut".

An einem Schild mit der Aufschrift „sitting", dort wurden die Plätze im Speisesaal festgelegt, eilten viele Gäste vorbei. Sie waren es gewohnt, dass sich der Reiseleiter darum kümmert, dass die Gruppe geschlossen im Speisesaal Platz nehmen kann.- Hier erhielt jedoch jeder Reisende nach dem Vorzeigen seiner Bordkarte einen Platz persönlich zugewiesen. Erst während des ersten Essens auf dem Schiff bemerkten die Gäste, dass sie im Speisesaal nicht zusammen saßen.

Das Schiff ist älteren Datums, etwa 30 Jahre, fährt unter italienischer Flagge und wurde, so erzählt man an Bord, an Panama verkauft. Es sei die letzte Fahrt für den alten Besitzer. Möglicherweise ist das der Grund für viele organisatorische Patzer schon im Vorfeld der Reise. Fast die Hälfte meiner Reisegruppe konnte nicht die von ihnen gebuchten Kabinen beziehen, und nur bei einer Familie ergab sich daraus eine bessere Kategorie. Die Kabinen waren allesamt sehr laut, mehrere waren sogar neben dem Wirtschaftsaufzug gelegen. Folglich klagten die meisten Gäste über die Unterbringung. In der Rezeption, dem einzigen Ort, wo jemand die deutsche Sprache sprach, bekam man bei vorgetragenen Beschwerden Ohropax. Wo auch immer ich meinen Gästen auf dem Schiff begegnete, sprachen sie nicht über das ausgezeichnete Essen, sondern über den ungenügenden Schlaf.

Damals war NEAPEL der erste Hafen, in welchem das Schiff anlegte.

18 Busse standen bereit, um die Gäste zu fünf verschiedenen Zielen zu bringen. Ich entschied mich für eine Exkursion in die Stadt selbst. Ausflüge muss jeder zusätzlich zahlen, auch der Reisebegleiter. Weil jedoch die Ausflüge insgesamt sehr preisintensiv sind, „heuerte" ich als „Busgirl" mit Schild Nr.5 an, und damit hatte ich keine Chance, eigene Wege zu gehen. Adriana, die örtliche Stadtführerin, erwartete uns am Bus. Ich hatte sie schon vor Jahren in Pompeji kennen gelernt. Die Gäste staunten ziemlich, als wir uns beide umarmten, und Adriana mit italienischem Temperament auf uns aufmerksam machte.

Adriana betonte während der Rundfahrt mehrfach, dass Neapel vulkanischen Ursprung habe und alle Hauptgebäude aus Tuffstein gebaut wurden, z.B. das Kastell Nuovo, direkt am Hafen gelegen, oder auch der Königspalast, der Palazzo Reale.

Zwei Gebäudekomplexe haben sich mir besonders eingeprägt: die Kirche des Hl. Franziskus, die optisch an den Petersdom erinnert und deren Kuppel dem Pantheon in Rom ähnlich ist und die Galeria Umberto I., ein neo-klassizistischer Bau, der 1890 gebaut, Vorbild für die bekannte Mailänder Galeria Vittorio Emmanuele war.

An Bord zurück gab es viele Details zu klären.

Den Sonnenuntergang von Capri habe ich ebenso verpasst wie den Blick auf die Bucht von Salerno.

Das Abendessen besteht aus vielen „Gängen", und das dauert und dauert.

Nach dem Tempel von Paestum habe ich mir die Augen ausgeschaut, wahrscheinlich sieht man ihn nicht vom Meer aus, und die Straße von Messina habe ich verschlafen.

Wir erfahren, dass der Kapitän die geplante Route (Golf von Korinth und Kanal von Korinth) aufgrund des Wetters verändern musste. Wir werden um die Peloponnes fahren. Ärgerlich! Ich hätte sogar meinen Nachtschlaf geopfert, um den Golf vom Wasser aus zu sehen.

Diesmal (April 2019) fuhr ich nicht als Reiseleiter, sondern als Urlauber.
Eine völlig neue Situation.

Zweimal hintereinander buchte ich privat eine Mittelmeerkreuzfahrt. Beide Urlaubsreisen begannen in GENUA.
Beide Male wurde ich zusammen mit anderen Gästen per Transfer nach Genua gebracht.
Beide Male waren wir am späten Vormittag des zweiten Reisetages vor Ort.
Beide Male nahmen wir auf schnellstem Wege unsere Bordkarten in Empfang und liefen in die Stadt.
Beide Male verliefen die zweitägigen Anfahrten zum Kreuzfahrtschiff völlig problemlos.

Auf den Autobahnen erfolgen regelmäßige Sanitärpausen an Raststätten. Ausnahmen gibt es bei längeren Staus oder bei der Fahrt über Landstraßen im Inneren des Landes. Aber diesmal können wir die gesamte Strecke auf der Autobahn fahren.
Ehrlich gesagt: Wir haben bei unseren Busreisen häufig sogenannte Toilettenprobleme. Das beginnt schon am Morgen vor der Abfahrt.
Statt „Guten Morgen" hören wir: „Wo is'n hier eine Toilette?" Oder: „Kann ich schnell mal die Toilette im Bus benutzen?"
Die Nutzung der Bustoilette ist ein unerschöpfliches Thema.

Dafür einige Beispiele:

Eine Reisende schrieb einen bösen Beschwerdebrief, weil ich ihr die Nutzung der Bustoilette untersagte. Wir standen auf einem öffentlichen Parkplatz mit einer Toilette, und ich war dabei, den Gästen den Kaffee auszugeben. Wer schon einmal mit Bussen reiste, der weiß, dass dann alle Zutaten auf der heruntergeklappten Küchenplatte platziert sind. Die Reiseleiterin oder der Busfahrer steht dann eingekeilt zwischen Toilettentür und improvisierter Küche. Ich hätte also die Ausgabe unterbrechen müssen, alles wegräumen und die anderen Gäste warten lassen müssen. Und das alles auf einem Parkplatz mit ordentlicher Toilette. So etwa begründete ich auch die Antwort.

Mitunter ist die Toilettensuche wirklich schwer. Dann nämlich, wenn wir beispielsweise am Morgen mit mehr als 40 Gästen das Hotel verlassen und nach zwei Stunden Fahrt kurz vor dem Stadtrundgang eine Toilette brauchen. Dann gibt es lange Warteschlangen vor den wenigen Toiletten. Unser Bus ist nicht der einzige auf dem Weg nach Venedig, Siena oder Cinque Terre...
Immer wieder zähle ich dann meine Gäste, weil ich fürchte, jemand zurückzulassen.

In Venedig, während des Umbaus der großen Toilettenanlagen, entdeckte ich beim Zählen, dass eine Einzelreisende fehlte. Ich lief also zwischen den mehr als hundert Kabinen entlang und rief immer wieder den Namen der Reisegruppe. Endlich rüttelte jemand von innen. Die Dame war eingeschlossen. Die „Rettung" war nicht schwierig, von außen brauchte man nur mit einem Geldstück das Schloss zu drehen, aber von innen ließ sich die Tür nicht öffnen.

Ein andermal war eine Dame auf einer Parkplatztoilette eingeschlossen. Sie rettete sich selbst mit einem Anruf auf dem Handy ihres Mannes.

Es ist, wie ich schon sagte, ein immer wiederkehrendes Thema.

Und eine der wichtigsten Informationen untereinander bei der Vorbereitung auf eine Reise ist die Nachfrage bei Kollegen, wo sich in der Nähe öffentliche Toiletten befinden.

GENUA.

Als Begleiterin von Busreisen war ich schon mehrfach in Genua gewesen, jedoch immer nur für die Dauer eines kurzen Besuches, meist nur im Antiken Hafen, der anlässlich der Feierlichkeiten zum Kolumbus-Jahr 1992 wiedereröffnet worden war.

Aber so richtig freundete ich mich bisher weder mit der Stadt, noch mit dem Hafen an, weil ich eben nicht verweilte, sondern nur mit der Reisegruppe entlang des Hafenbeckens lief.

Unsere Ausflüge verliefen dann weiter entlang der Küste nach Portofino.

Ich wollte das gesamte Zeitfenster unseres Aufenthaltes nutzen.

Wir entdeckten die kleinen Molen mit den Booten für die Hafenrundfahrten, die Fischerboote und ein historisches Segelboot. Das Segelboot „Neptune", nachgebaut einem spanischen Linienschiff, war Handlungsort eines Films von Regisseur Polanski und liegt nun als Museum im Hafen fest vor Anker.

Die überlebensgroße Neptunstatue am Bug und all der goldfarbene Prunk ließen uns innehalten. Wir riefen uns ins Gedächtnis, dass sein historischer Vorgänger Ende des 17.Jahrhunderts auf den Meeren unterwegs war.

Unter der Hochbrücke, die ein Stück parallel zum Ufer führt, zählten wir mehr als 100 parkende Motorräder und Mopeds, die eng beieinander standen.

Mich zog es zum Antiken Hafen, um meine neu erworbene Sicherheit, auf Türme steigen zu können, zu testen.

Das neue Symbol des Antiken Hafens ist der Panorama-Aufzug „BIGO", eine achtarmige Konstruktion, an deren einem Ausleger eine kugelförmige Kabine schwebt, die auf und ab fuhr und sich währenddessen um sich selbst drehte. Das war die beste Gelegenheit, Genua als Ganzes von den Gipfeln des Apennin über das gesamte Häusermeer am Hang abwärts bis zum Ligurischen Meer zu betrachten. Ich war begeistert. Solche Momente hatte ich mir aufgrund meiner Höhenangst bisher entgehen lassen.

Vom Hafen kommend, liefen Frank und ich nun eine breite Straße aufwärts.

Unvermittelt standen wir auf einem großen Platz, beeindruckt von einer prächtigen, romanischen Kirche auf der anderen Seite des Platzes, der Kathedrale San Lorenzo. Groß und majestätisch bestimmt sie die Umgebung. Drei Portale, die bogenförmig nach oben ausliefen, führten zum

Platz. Im Bogen selbst und zwischen den schweren Türen ziehen schlanke, spiralförmig gedrehte, einfarbige und schwarzweiße Säulen unseren Blick auf sich.

Die Fassade selbst besteht abwechselnd aus schwarzen und weißen Marmorblöcken, die in waagerechten Streifen übereinander verwendet wurden. Im Licht der Sonne hat der schwarze Stein eine grüne Nuance.

Ich habe gelesen, dass diese streifenförmige Bauweise ein Ausdruck der Macht des Adels war. Die genuesische Republik war während der Bauzeit vom 11.-15. Jahrhundert eine reiche und mächtige Seefahrernation.

Im mittleren Teil der Kirche dominierte eine Rosette, äußerlich ganz schlicht, einer Margarite ähnlich, die mit vielen Blütenblättern verschönt ist.

Zwei Türme erheben sich über den beiden Seitenschiffen. Während der rechte 60 Meter hoch gebaut wurde, blieb der linke Turm unfertig.

Wir hatten sichtlich großes Glück, denn die massive, schwere Eingangstür war geöffnet.

Über sieben Stufen, vorbei an zwei flankierenden Löwen gingen wir ins Innere der Kathedrale.

Außer uns waren nur wenige Menschen an diesem Nachmittag hier.

Beeindruckend! Majestätisch! Wunderschön!

Ich sehe alles gleichzeitig: Bemalte Kuppeln und Bögen, Fresken, Skulpturen.

Romanische, gotische und barocke Elemente.

Im Mittelschiff stehend, verharre ich am längsten, um die bunten Glasfenster des Presbyteriums im Hauptschiff zu bestaunen.

Ich vermag das Innere nicht zu beschreiben, man muss es gesehen haben.

Aber ich verblieb lange Zeit in der Kathedrale.

Nach dem Verlassen der Kirche wurden wir in eine ganz gegensätzliche Welt „katapultiert".

Zurück zum Schiff wollten wir parallel zur Hafenstraße laufen, etwas oberhalb des Hafens.

Schmal und dunkel waren die von der Straße weg führenden Gassen, z.T. ohne Fußweg, und dennoch „lebendig". In den Türen standen Damen, einzeln oder auch zu zweit. Sichtlich erwarteten sie Freier. Aber weshalb waren sie alle schwarz gekleidet? Meinen jungen Begleiter musterten sie intensiv. Sichtlich prüften sie mit Blicken, ob er ein potentieller Geldbringer sein könnte.

Schnell suchten wir einen Weg zurück zur Mole, zum Schiff.

Dort angekommen, verglich ich unseren Besuch in Genua mit den Beschreibungen einer Stadtrundfahrt und stellte fest, dass ich trotz unseres ausgedehnten Spaziergangs nur einen ganz kleinen Teil der über 30 Kilometer langen Stadt am Meer erkundet hatte.

Im November 2019 fuhren wir ein zweites Mal ab Genua. Der uns begleitende Reiseleiter war nicht begeistert, als wir ihn informierten, dass wir das Schiff unmittelbar nach dem Einschiffen noch einmal verlassen wollten. Wir waren, wie auch schon im Frühjahr, die einzigen „Stadtentdecker" der Reisegruppe. Er traute uns wohl nicht zu, dass wir pünktlich zur Seenotrettungsübung und zur Abfahrt da sein würden.
Damit wirklich nichts schief ging, hatten wir während unseres Stadtbesuchs ständig die Uhrzeit im Blick.

Unser erstes Ziel war der Leuchtturm, „La Laterna".
Ich wollte, wie andere Besucher auch, den höchsten Leuchtturm des Mittelmeeres (120 Meter) ersteigen, mich am grandiosen Ausblick über das Meer erfreuen (bis nach Cinque Terre). Zirka zwanzig Minuten brauchten Frank und ich, um den Weg im Gewirr der Straßen zu finden und zu gehen. In einem kleinen Park unterhalb des Felsens begann schon der Museumsbereich, der von der italienischen Marine verwaltet wird. Nur 172 Schritte trennten uns noch vom Eingang. So war es auf den Plakaten des Museums zu lesen. Aber: sowohl der Leuchtturm als auch der Weg dahin waren geschlossen. Wir konnten nur aus der Ferne fotografieren.
Wir standen auf einem Parkplatz hinter einem massiven Metallzaun und schauten von einem Felsen über ein schmales Tal zu einem anderen Felsen mit dem Leuchtturm hinüber.
An keiner Stelle gab es einen Durchschlupf.

Ich musste also alle Informationen im Internet nachlesen. Deutlich wurden der Stolz der Genuesen auf dieses außergewöhnliche Bauwerk, das bereits 1128 eröffnet wurde, und ihre Enttäuschung, es meist geschlossen vorzufinden. Wir werden also wiederkommen müssen, um bestätigt zu finden, was andere Besucher bereits niederschrieben: Der Turm sei „absolut einen Besuch wert", „ein wichtiges Symbol", „ein Wunder für Genuesen"...

Was nun?
Erst einmal zurück.
Wir haben nun Zeit, das Panorama der Stadt zu betrachten. So, wie in einem Amphitheater die übereinander liegenden Treppen, so erheben sich Häuser über Häuserzeilen bis zu den Hügeln rund um die Stadt. Vom Meer bis zu den Bergen ist ein Höhenunterschied von zirka 300 Metern zu überwinden; es gibt drei Zahnradbahnen nach oben und viele Fahrstühle; auf der Karte sind zehn eingetragen.

Auch die alten Befestigungsanlagen, 16 Kilometer lange Mauern und Forts rund um die Stadt, die hauptsächlich im 17.Jahrhundert gebaut wurden, sind noch erhalten und von unseren Standpunkten an der Hafenstraße zu erkennen.

Mit dem Blick auf die Uhr und die damit verbleibende Zeit, entschieden wir uns, entlang der Straße S.Benedetto Richtung Bahnhof zu laufen. Uns faszinierten die privaten Bürgerhäuser, vor allem aber die Anlage des Hotels „Admiral", am steilen Hang, hoch über der Straße.

Und dann befanden wir auf der Piazza Principe und liefen einfach den vielen Fremden nach, die in den Durchgang zu einer Villa gingen. Ohne es geplant zu haben, standen wir unter den Arkaden des Palazzo del Principe.

1521 wurde von Andrea Doria, dem berühmten genuesischen Admiral und Dogen der Republik, der Bau begonnen und erst 100 Jahre später von seinem Erben fertiggestellt.

Und nun standen wir hier. Es hätte eines längeren Besuches bedurft, um alles sehen zu können.

Über die Via Doria liefen wir weiter.
Die Straßen rings um den Bahnhof ähneln
einander: hohe Patrizierhäuser rechts und links, Straßenschluchten, die den Blick freigaben auf die ansteigenden Berge Liguriens und die Befestigungen der Stadt.

Dort, vor oder im Bahnhof, sollte eine touristische Information sein. Aber, wie auch zu Hause, ist alles bestimmten Veränderungen unterworfen. Es gab keine Information. Dafür aber ein imposantes Denkmal von Kolumbus.

Eigentlich wollten wir noch zur Via Garibaldi, zur Fußgängerzone und Einkaufsmeile.
Aber…

Mit einem erneuten Blick auf die Uhr brachen wir unseren Bummel ab.

Auf dem Rückweg, wieder einmal musste ich mich dem schnellen Schritt meines Reisepartners anpassen, blieben wir noch einmal an der „Ponte dei Mille" (benannt nach den 1 000 Kämpfern Garibaldis, die für die Einigung Italiens eintraten) stehen und bewunderten den Springbrunnen vor dem Hafengebäude, eine symbolische Schiffsschraube, und aus der Front des Gebäudes ragte als Denkmal das Heck eines Schiffes heraus.

Wir waren pünktlich auf der „MSC Opera"!
Dieses Kreuzfahrtschiff gehört zu den älteren Schiffen, 2004 gebaut.

Ich buche meine Reisen auf einem Kreuzfahrtschiff nicht wegen des Lebens an Bord, sondern als Beförderungsmittel zu bestimmten touristischen Sehenswürdigkeiten oder dann, wenn ich als Reiseleiter einen bestimmten Auftrag erfülle.

Bei einer privat gebuchten Reise wäre ich ziemlich enttäuscht, wenn ein von mir im Vorfeld gebuchter Ausflug nicht zustande käme. Die Argumentation meiner Mitreisenden ist teilweise nachvollziehbar, wenn sie bei Nichtzustandekommen eines Ausfluges sagen, dass sie die Reise nur gebucht haben, um diesen ganz bestimmten Ausflug zu unternehmen. Mir ist das noch nicht passiert. Ich kümmere mich im Vorfeld um die Buchung.
Aber Einfluss auf die Qualität der Kabine
oder die Art des Ausfluges habe ich trotz aller Sorgfalt während der Vorbereitung auf die Reise nicht.

Mit Verspätung erfolgte an diesem Tag die Ausfahrt aus dem Hafen von Genua.
Glücklicherweise zu spät, weil wir sonst das abendliche Lichterspiel der Hafenstadt nicht hätten sehen können.

In der Zwischenzeit war es dunkel geworden. Die Lichter im Hafen und die in der Stadt, an den Hängen der Berge, verschmolzen miteinander vor dem Abendhimmel.
Wir standen an der Reling und waren Teil des Schauspiels. Die Lichter der Verladerampen, der Kräne und Molen spiegelten sich im Wasser.
Meine Fotos sind beeindruckend, können aber nicht den Gesamteindruck wiedergeben, den ich bei der abendlichen Ausfahrt aus der Bucht empfand.

Zu diesem Zeitpunkt ahnten wir noch nicht, dass wir Genuas letzten schönen Herbsttag in diesem Jahr 2019 erlebt hatten.

Während wir unterwegs nach Griechenland waren, lasen wir schon im Internet, dass in Ligurien die höchste Alarmstufe ausgerufen worden war.

Und wörtlich hieß es da: „In Genua machten Erdrutsche mehrere Straßen unpassierbar, Keller und Unterführungen und Geschäftsräume wurden überschwemmt... 300 Liter pro Quadratmeter."

KATAKOLON – OLYMPIA

Ich freute mich auf den kurzen Aufenthalt in Griechenland, sechs Stunden zwischen dem Anlegen des Schiffes und der Abfahrt.
Das Wetter war ideal für einen Ausflug (19 Grad und Sonne).

Das Schiff näherte sich dem Hafen.
Katakolon: schmale Landzunge, Fischerort mit einem halben Hundert Einwohnern und Hafen.
Von hier wurden seit Jahrtausenden Korinthen und Olivenöl verschifft. In der Region Kalamata gibt es zirka neun Millionen Olivenbäume, und es wachsen unendlich viele Weinstöcke einer kernlosen schwarzen Rebsorte, die zu Korinthen verarbeitet werden.

Hier war ich schon einmal vor mehr als einem Jahrzehnt in einem heißen griechischen Sommer. Wir, die Reisegäste und ich, waren in Pirgos gewesen, der von hier nächstliegenden Stadt.
Bevor wir in unsere Ferienanlage zurückfuhren, initiierte ich den Abstecher nach Katakolon, ohne zu wissen, was uns erwarten könnte. Wir sahen einen zauberhaften Hafen und ließen uns in den kleinen Fischrestaurants verwöhnen.

Ich hatte nicht geglaubt, den Hafen bzw. die Westküste Griechenlands je wieder zu sehen und war deshalb überwältigt.
Jetzt, am Ende des Jahres, war nichts von der Geschäftigkeit des Sommers zu spüren. Alles lag ruhig vor mir. Auch der Hafen. Menschenleer.

Diesmal dauerte es ziemlich lange, bis wir das Schiff verlassen konnten und noch einmal, bis alle Ausflügler den richtigen Bus gefunden hatten. Da ich diesmal mit der Organisation nichts zu tun hatte, war ich nur verärgert über die verlorene Zeit, die uns dann während des Ausfluges fehlen würde.

Unser Ausflugsziel war weniger als 50 Kilometer entfernt. OLYMPIA.

Vorbei an der einzigen Stadt in unmittelbarer Umgebung, Pirgos, fuhren wir durch landwirtschaftlich genutztes Gebiet. Mais, Baumwolle, Melonen und Gemüse werden angebaut. Die Menschen in dieser Hügellandschaft leben hauptsächlich von der Landwirtschaft. Mandelbäume stehen auf Feldern und in Gärten. Schatten spenden hohe Eukalyptusbäume und Pinien, aber auch Judasbäume.

Dann... endlich OLYMPIA.

Von allen bedeutsamen Stätten der alten Griechen ist Olympia wohl die, von der über die Jahrtausende am wenigsten erhalten geblieben ist. Schwemmland, das zwei Flüsse vom Kronos-Hügel hierher getragen haben, bedeckte das Areal mit mehr als fünf Meter Erde. Manche sprechen sogar von sieben Metern.
Das alte Olympia war zuvor schon von den Goten, den Römern und von Erdbeben zerstört worden. Dann wurde es von Türken besetzt und in einen Steinbruch verwandelt. Olympia war also fast unauffindbar.

Die ersten Ausgrabungen begannen 1875.
Als ich 120 Jahre später erstmals nach Olympia kam, konnte ich anhand der vorhandenen Steine die Bedeutung

der Ausgrabungen nicht erfassen. Damals gab es keine Führung, und ich irrte zwischen den Resten der Tempel und des Stadions umher; zwar war ich interessiert, aber ich hatte einfach zu wenig Vorstellungskraft.
Bei keinem meiner späteren Besuche hatte ich wirklich Zeit, dabei erfordert Olympia einen besonders intensiven Besuch; wenigstens einen Tag sollte er dauern.

Aber diesmal war es ein außerordentlich enger Zeitplan: eine knappe Führung und eine noch knappere Freizeit.
Ich wollte mich nicht verzetteln und konzentrierte mich bewusst auf wenige Bauwerke.

Neu war für mich, dass alle Ausgrabungen mit kurzen historischen Informationen und Bildern versehen waren, so zum Beispiel der Altar der Göttin Hera, des wahrscheinlich ältesten Tempels in Griechenland.

Als ich 2004, unmittelbar vor Eröffnung der Olympischen Spiele hier war, probten junge Frauen an diesem Altar das Entzünden des olympischen Feuers. Ich konnte damals nicht erkennen, welche Steine zu diesem besonderen Tempel gehören. Jetzt gibt es optisch einen Hinweis für Besucher.

Ähnlich erging es mir beim Philippeion.
Auftraggeber war der makedonische König Philipp II., Vater Alexanders des Großen.

Ich hörte, dass der makedonische Herrscher mit dem Bau dieses Rundtempels seinen Dank darüber zum Ausdruck bringen wollte, dass die Makedonier gleichberechtigt an den Spielen teilnehmen durften.

Aber ich weiß auch, dass Philipp II. u.a. gegen den Stadt-staat Athen Krieg führte.

Als ich erstmals an der Stelle des heutigen Tempels stand, erkannte ich nur die Konturen des runden Tempels auf dem Boden.

Darum herum lagen Säulenfragmente und Kalksteinblö-cke. 1999 begann man mit der Rekonstruktion. Und nun-mehr stehe ich vor einer teilweisen Wiederaufrichtung. Drei Säulen von 18 stehen und sind auf diese Weise eine Art Fotomagnet.

Sie bestehen aus weißem Kalkstein, sind kanneliert, wahr-scheinlich ionischen Baustils und mit einem Querbalken miteinander verbunden. Auch wenn die Wissenschaftler sich nicht ganz einig sind, ob die Höhe der jetzigen Säulen identisch mit dem historischen Vorbild ist, finde ich sie wunderschön.

Leicht war das „Stadium" zu finden. Zur Wettkampfstätte führte eine Art Tunneleingang. Auch hier bin ich der Meinung, dass ich zum Stadion zwar durch einen Mauergang gelaufen bin, dass aber der wunderschöne Bogen, das Eingangstor, geformt aus großen Kalksteinblöcken, erst in letzter Zeit hinzugefügt wurde.

Hier verweilten wir länger als ursprünglich geplant. Wir standen auf der olympischen Wettkampfbahn!
Dieser Platz liegt sozusagen zu Füßen des Kronos-Hügels und geschützt durch weitere kleine Hügel, die die Ebene umgeben. Es gab und gibt keine Sitzplätze für die Zuschauer; nur für die Kampfrichter existierte eine kleine bebaute Erhöhung. Das bedeutet, dass der Besucher stehen musste oder sich am Hang sitzend niederließ. Und gestartet wurde von einer in Steinen gefassten Linie, einer Startlinie.

Demonstrativ setzten wir uns auf den olympischen Boden, übten den Start vor der damals gültigen Länge des olympischen Laufs von 192,27 Metern.

45 000 Zuschauer konnten Platz finden. Bei unserem Besuch waren es vielleicht 20. Wir hatten also eine Menge Platz, aber die Besucher des 8.Jahrhunderts v.u.Z. müssten gedrängt gestanden haben, vielleicht verbrachten sie sogar die Nacht vor dem Wettkampf hier.

Den größten Tempel in Olympia zu beschreiben, fällt mir schwer. Treffend für ihn finde ich die Formulierung, dass er das größte olympische Trümmerfeld sei.

Auch hier nehme ich an, dass die einzige aufrecht stehende Säule, etwa 20 Meter hoch, bei meinem ersten Besuch noch nicht vorhanden war.
Ich stehe sinnend vor der Vielzahl zerbrochener Trommelsäulen aus lokalem Muschelkalk, die kreuz und quer am Boden liegen und zum Teil schon recht verwittert aussehen. Ohne die Kenntnis der Bedeutung, der Ausmaße, der

28

Bilder von diesem die Anlage dominierenden Bau, fehlte mir jedes Verständnis für diesen Steinhaufen.

Warum der Zugang zum Zentrum des ehemals so dominierenden Baus gesperrt wurde, konnte ich nicht in Erfahrung bringen.

Dann... jemand pfiff!

Wir schauten uns an, weil wir zunächst glaubten, dass das ein „Ruf" innerhalb einer Familie sei.

Der nächste Pfiff kam Augenblicke später von der anderen Seite.

Es war 15.15 Uhr, wir waren seit einer reichlichen Stunde hier und sollten uns in einer Viertelstunde am Ausgang treffen.

Der nächste Pfiff kam von rechts, dann wieder von links; wir wurden regelrecht von Pfiffen und deren Auslösern, Ausgrabungshüter, umzingelt.

Ein widerliches Pfeifkonzert bis 15.30 Uhr. Ich schloss daraus, dass die olympische Stätte geschlossen wird.

Es gab wieder keine Chance, das Museum zu besuchen. Von der Besuchszeit für die Ausgrabungen konnten wir nichts „abzweigen", denn wir waren ohnehin schnell durch das Areal gelaufen. Aber wir hatten noch eine Stunde Zeit bis zur Abfahrt des Busses.

Von der Reiseleiterin wurden wir jetzt zum Shoppen in die Ortschaft geführt, die sich im letzten Jahrhundert nahe der Ausgrabungsstätte entwickelt hatte und den Namen Olympia trägt.

Ich war noch nicht bereit, die alten Hellenen und ihre großartigen Leistungen mit dem Shoppen zu tauschen und trödelte deshalb ziellos durch die Stadt, während die Gruppe in einen Goldladen geleitet wurde.

Die Fahrt zurück erfolgte danach direkt zum Schiff.

Was da gerade im Hafen passiert war, machte die Runde.
Eine ältere Frau war mit dem Rollstuhl, ohne zu bremsen,
von der Mole direkt ins Hafenwasser gefahren.
Zuerst die Tochter, dann zwei Matrosen sprangen hinter-
her. Alle wurden gerettet; die Touristin erlitt „nur" eine
Platzwunde am Kopf.
Aber die Aufregung hielt an. Als wir zur Gangway liefen,
redete jeder darüber.

Während des Abendessens im Buffetrestaurant wurde ich
noch einmal an unseren „griechischen Tag" erinnert. Die
Küche hatte aus diesem Anlass „Goldmakrelenfilet Santo-
rini" zubereitet, mariniert in Ouzo.

INSELHÜPFEN IM MITTELMEER

KRETA

Unser Schiff ging im Hafen von IRAKLIO im Norden des Landes vor Anker. Ich werde also noch einmal griechischen Boden betreten.

Wir befinden uns jetzt etwa 100 Kilometer südöstlich von der Südspitze des griechischen Festlandes oder anders gesagt, wir stehen am südlichsten Punkt Europas. Auf der Karte kann ich sehen, dass wir sogar südlicher als die Küste Tunesiens sind.

Immer wieder fällt es mir schwer, mich für einen der angebotenen Ausflüge zu entscheiden. Die größte griechische Insel ist langgestreckt und besteht aus drei verkarsteten Gebirgsmassiven, die eine Höhe bis fast 2 500 Metern erreichen. Zwischen den Gebirgen und an den Küsten wird Landwirtschaft betrieben.

Folglich entschied ich mich gegen einen Museumsbesuch und für einen Ausflug in die „weißen Dörfer".

Der Bus brachte uns von der Hauptstadt aus entlang der Küstenstraße ostwärts nach Kritsa, einem Bergdorf.

Die dortige Kirche „Panagia i Kera" ist eine kleine byzantinische Kirche, die für die 700 Jahre alten Fresken im Inneren bekannt ist. Sie ist eine der bekanntesten der Insel.

Von einem kleinen Plateau vor der Kirche hat man einen guten Blick auf den Ort.

Anschließend fuhren wir in den Ort hinein, in welchem die kretische Architektur noch zu sehen sein soll.

Aber wir, die Touristen, mussten, wenn wir einen Eindruck vom Ort gewinnen wollten, schnellen Schrittes den Berg zuerst hinauf laufen, dann umkehren, bevor wir das Ende des Ortes erreicht hatten.

Gefühlsmäßig würde ich sagen, dass ich ein typisches „griechisches Dorf" sah. Weiß und blau waren die vorherrschenden Farben. Hinzu kam das Rot und Lila der immer noch in Fülle blühenden Bougainvillea.

Ich hatte zwar keine Zeit für einen Espresso, aber genügend Zeit, mich zu blamieren.

In der Mitte des Ortes standen wir vor zwei Bäumen, die bestückt waren mit kleinen Nägeln und Nagellöchern. Wir rätselten, welche Bedeutung das wohl haben könnte. Und wir fragten die Reiseleiterin, die uns nach unserer Frage ziemlich verständnislos ansah. Schließlich führten wir sie zu den Bäumen. Selbst dann verstand sie unsere Unwissenheit nicht.- An dieser Stelle werden Bekanntmachungen angebracht, Zettel aller Art. An jenem Tag im November gab es nicht eine Information, nicht eine Nachricht, die befestigt worden war. Nur eben Löcher und Nägel.

Agios Nikolaos, die Bezirkshauptstadt, eine Stadt, die sich aus einem Fischerdorf entwickelte, liegt nur zehn Kilometer entfernt am Meer.

Endlich Freizeit!
Wir haben die Möglichkeit, eine kleine Bucht zu umrunden, den Voulismeni-See. Der Legende nach soll er bodenlos sein. Die Tiefe konnten wir nicht nachprüfen, aber wir waren entschlossen, ihn zu umrunden. Die Reiseleiterin hatte uns gesagt, dass man das in der für uns geplanten Freizeit schaffen könne.
Das erste Stück liefen wir entlang der „Uferpromenade". Hier fanden wir die kleinen weißen Häuschen, die typisch sind, die blauen Türen und Fensterrahmen, Sonnenschirme und blau angestrichene Boote. Natürlich querten wir eine „blaue Brücke", in diesem Falle eine Brücke mit blauem Geländer.
Zu Anfang liefen wir auf gepflasterter Uferstraße, auf der einen Seite Cafés und Tavernen, auf der anderen den von Felsen fast völlig eingeschlossenen See mit einer Hand voll Fischerbooten. Eines, in grellen Farben - rot, gelb, blau-

gestrichen, wurde von der Sonne derart beleuchtet, dass es die Aufmerksamkeit des Betrachters besonders auf sich zog.

Wir stiegen aufwärts, zunächst Treppen, dann auf unwegsamem, felsigem Boden, der steil bergan führte.

Der Blick von oben über den See und die schmale Landenge auf die eigentliche Mittelmeerbucht bezauberte uns. Es hatte sich gelohnt!

Nach kurzem Stopp, um ein neues Basecap und einen Espresso zu kaufen, liefen wir schon wieder schnellen Schrittes zum Treffpunkt im Hafen zurück.

Dort angekommen hatten wir gerade noch Zeit, ein übergroßes Denkmal zu fotografieren: Zeus trägt die geraubte Europa auf dem Rücken.

Das Foto war mir wichtig; wichtig, weil in meiner Heimatstadt ein Denkmal existiert, das dieses mythische Thema aufgreift. Europa und Stier sind hier kleiner, sie sind Teil einer Brunnenanlage. Ihre Geschichte beginnt vor rund 100 Jahren. Unser Brunnen wurde während des Krieges eingeschmolzen und nach historischem Vorbild 1995 wieder erschaffen.

Der gewaltige Stier am Rande der Bucht wurde erst im November 2012 in Agios Nikolaos aufgestellt; er ist also ziemlich genau sieben Jahre alt und das Motiv der griechischen 2-Euro-Münze.

Noch einmal hatten wir bei der Rückfahrt zum Hafen Zeit, um „kretische Momente" rechts und links der Straße festzuhalten: die gut ausgebaute Straße, die an der Nordküste entlang führt (das Straßennetz beträgt über 350 Kilometer), die Vielzahl von Olivenbäumen (90 Olivenbäume als Durchschnitt pro Person) , die vielen Ziegen- und Schafherden im Tal und auch an den kargen Berghängen (1,5 Millionen auf der Insel), und tiefe, senkrecht eingegrabene Wasserspuren, von den Bergen kommend, weil der Regen aufgrund des fehlenden Baumbewuchses den verkarsteten Boden ausspült.

Noch einmal erfuhren wir von der Reiseleiterin Insider-Wissen. Dass der größte Teil der Bevölkerungen von der Landwirtschaft lebt, sahen wir selbst. Aber dass Früchte wie Kiwi, Bananen und Mango jetzt im kretischen Sortiment auftauchen, ist ebenso neu wie die Nutzung der Johannisbrotbäume zur Herstellung glutenfreier Nahrungsmittel.

Gern hätten wir nach der Rückkehr zum Schiff noch einmal den Hafen verlassen.
Das sei, so sagte man uns, aber nur mit einem Shuttlebus erlaubt, weil Besucher „nicht mit eigenen Beinen den Hafenboden berühren dürfen".

Folglich konnte ich meine Verehrung für einen ganz großen Griechen nur gedanklich zum Ausdruck bringen. Hier, am Rande der Stadt Heraklion, außerhalb der alten Stadtmauern, befindet sich das Grab von Nikos Kazantzakis (Schriftsteller, u.a. „Alexis Sorbas").

ZYPERN

„Ein Ausflug mit dem Jeep und zu Wasserfällen?"
„Das wäre doch einmal eine Abwechslung".
Also buchten wir den Ausflug, der pro Person über 100
Euro kostete.

Ich hatte mir vorgestellt, in einem modernen Jeep zu sitzen, sicherlich mit Überrollbügel, offen nach allen Seiten
und mit guter Beinfreiheit, damit man die Sicht nach allen
Seiten frei hatte. Dann standen die Autos vor uns. Nichts
davon traf zu. In der Realität standen vor uns fünf Fahrzeuge, jedes zirka 40 Jahre alt.

In einem dieser sogenannten Jeeps fanden wir auf der La-
defläche Platz.
Wir saßen eng nebeneinander und mussten unsere Beine
mit denen unserer beiden Gegenüber verschachteln, den
Hals vorstrecken und den Kopf einziehen. Nur das Dach
und die geschlossene Folienseitenwand konnten wir sehen.
Wir wendeten uns nach rechts, dann nach links. Nichts.

Nach hinten konnte ich zwischen den beiden dort Platz genommenen Gästen wenigstens etwas von dem Verlauf der Straße erblicken.

Ich war wütend, fühlte mich betrogen. So viel Geld hatten wir für eine besondere Erlebnisfahrt bezahlt, um das Troodos-Gebirge zu sehen.

Glücklicherweise stiegen zwei Personen aus, und die Fahrerin bot uns eine Platzveränderung an. Nun saß Frank vorn und ich unmittelbar hinter ihm. Jetzt hatte ich Gelegenheit, mir das Fahrzeug genauer anzusehen: keine Sicherheitsgurte, keine Türgriffe, die vordere Tür musste mit einem extra Schwung geschlossen werden und konnte nur von außen geöffnet werden. Es roch nach festgebackener Bremse, und unser Jeep musste nach jedem Halt angeschoben werden. Überhaupt schienen die Einzelteile, wie Dach und Armaturenbrett, nur von Silikon und Klebeband zusammengehalten zu werden.

Abenteuerlich!

Dazu kam dann noch der ungewohnte Rechtsverkehr, ein Erbe der englischen Kolonialherrschaft. Kurvenreich und für mein Empfinden zu schnell, ging es immer weiter aufwärts ins Gebirge. Das Land ist fruchtbar, die Wasserversorgung der Insel ist gesichert. 21 Staudämme, größere und kleinere, helfen, das Land zu bewässern. Wir sehen zwei davon im Vorbeifahren.

Die Nadelbäume sind saftig grün und die Laubbäume leuchten in den kräftigsten Herbstfarben. Die Wasserversorgung scheint wirklich zu funktionieren, denn das Land ist fruchtbar. Wein, Nektarinen, Aprikosen, Pfirsiche, Äpfel… werden angebaut.

Um uns zu zeigen, wie die Früchte der Insel verarbeitet werden, erfolgte ein Stop im Dorf Agros.

Im Ausflugsprogramm wurde darauf verwiesen, dass wir Interessantes über die Verarbeitung der lokalen Produkte erfahren werden.

Noch vor dem Betreten der Manufaktur blieb ich fasziniert vor einem Baum stehen. Einen solche hatte ich noch nie gesehen. Genauer gesagt, ich hatte auch noch niemals von einem Baum gehört, der solche wurstartigen Früchte trägt. Ich bestaunte Baum und Frucht lange, lief um den Baum herum, bis ich entdeckte, dass hier „geschummelt" wurde. Der Besitzer des Baumes hatte Zierkürbisse in Schlangenform geschickt am Baum angebracht.

Jetzt war ich doch enttäuscht, dass ich keine neue Baumfrucht kennenlernte.

In der von uns besuchten Manufaktur waren 20 Angestellte beschäftigt, die allesamt Obstkonfekt, getrocknetes Obst, Marmeladen, Liköre und Obstwein auf traditionelle Weise herstellten.

Ich kostete Oliven in Gelee, Feigen in Gelee, kaufte jedoch Marmelade aus den Früchten der Frigiliana, der Feigenkakteen. Ich hatte schon bei meinen Reisen nach Sizilien davon gehört, aber war im Laden nicht fündig geworden.

Inzwischen habe ich die Marmelade zu Hause probiert. Sie ist süß, sehr süß, und sie hat die kleinen Kerne immer noch, die in den Früchten sind. Meine Neugier ist gestillt. Es gibt keinen zweiten Kauf.

Erstaunt war ich wirklich über den Herstellungsprozess. Eine Frau stand ganz allein in einem Raum zwischen Eimern, Schüsseln und Töpfen. Sie schälte und zerkleinerte die Früchte per Hand mit einem Küchenmesser. Dann wurden in einem weiteren Arbeitsgang die vorbereiteten Früchte in großen viereckigen Pfannen getrocknet bzw. geliert.

Den fertig etikettierten Gläsern sah man nicht an, unter welchen traditionellen Arbeitsbedingungen sie hergestellt wurden.

Alles war optisch gut arrangiert und sehr preiswert.

Gleich nebenan befand sich eine Rosen-Manufaktur. Der Ort sei auf der ganzen Welt für seine Rosen bekannt, so warb die MSC für diesen Ausflug.
Ich kannte diese Art der Verarbeitung nicht, aber ich verwende weder Rosenduft bei Kerzen oder als Rosenwasser, noch trinke ich Rosenwein oder Rosenlikör. Nur von Rosenbowle hatte ich einmal etwas gehört.
„Rosenhaus" und „The rose factory" waren über dem Eingang zu lesen. Wir waren zu Gast bei einem Familienunternehmen, das sich bewusst für den Bioanbau entschieden hat.
Es ist das erste Unternehmen auf Zypern, das biologische Naturkosmetik auf den Markt bringt.

Das Angebot ist tatsächlich vielfältig: Duftkerzen, Parfum, verschiedene Cremes, Schnaps und Wein. Ich kann den Duft aber nicht ausstehen und gehe schnell nach draußen.

Wieder im Jeep fuhren wir auf kurvenreicher Strecke weiter nach oben.
Die höchste Erhebung zu sehen, den Olimbos (1952 m), ist uns verwehrt. Er hat sich hinter tief liegenden Nebelwänden versteckt.
Das störte mich nicht, denn ich hatte ein anderes Ziel, ich war ja unterwegs zu einem „Naturwunder der Insel". So wurden die „Millomeri-Wasserfälle" im Exkursionsprospekt benannt.

Nach einem kleinen Fußmarsch, die Treppen führten immer nach unten, erreichten wir einen dieser Berühmtheiten.
Ich war enttäuscht!
So klein!
So wenig Wasser!

Aber dann machte ich mir bewusst, dass die Zyprioten nicht dafür können, dass ich gerade dann zu Besuch komme, wenn der Sommer vorbei ist und das Land nach Regen hungert.
Aber wirklich, der berühmte Millomeri war nicht viel größer bzw. gewaltiger als unser sächsischer „Lichtenhainer Wasserfall".
Wieder am Schiff angekommen, war ich froh, dass der Jeep unterwegs nicht auseinander gefallen ist und werte den Ausflug als ein unterhaltsames Abenteuer.

RHODOS

Die Insel Rhodos bildete den Abschluss unserer selbst gewählten „Inselhüpferei".

Wir hatten uns entschieden, das heutige Dorf LINDOS zu besichtigen, weil uns die Bilder von der antiken Akropolis mit den teilweise rekonstruierten Säulen neugierig gemacht hatten.

Gleich zu Beginn der Busfahrt, noch im Hafen, kam es zu einer sprachlichen Rangelei. Im Bus saßen hauptsächlich Italiener, aber nur ein Dutzend Deutsche und Österreicher. Zwei Stadtführer begleiteten uns, die abwechselnd Informationen an die Gäste geben sollten. Unglücklicherweise begann der Verantwortliche für die deutsch sprechenden Gäste. Zwischenrufe, schimpfen und buhen setzten ein. Die beiden vorn Sitzenden hätten sich absprechen müssen. Stattdessen gerieten sie auch noch aneinander. Wir, die zahlenmäßig kleinere Gruppe, ließen uns nicht herausfordern. Wir genossen es während des gesamten Ausfluges, so wenige Personen in der Gruppe zu sein.

Lindos befindet sich etwa 40 Kilometer von der Stadt Rhodos entfernt. Der Ort hat gegenwärtig nur etwa 1 000 Einwohner, ist aber das einzige Dorf, das unter Denkmalschutz steht.

Die Fahrstraße führte zwischen Meer und Bergland, auf der Wasserseite zwischen neuen großen Hotelanlagen, die z.T. noch nicht eröffnet waren, und kleinen Dörfern, Obst- und Olivenbäumen auf der Landseite.

Auffällig waren auch hier wieder die weiß getünchten Häuser; die entfernteren Orte erschienen uns wie weiße Flecken im Grün der Vegetation und im Weißblaugelb der kargen Kalkfelsen.

Wir überfuhren breite, ausgetrocknete Flussbetten voller Geröll, das sichtlich von den Bergen heruntergeschwemmt worden war.

Mehrfach sahen wir auch Gerippe aus Beton und Stahl, angefangene Neubauten, die auf den Weiterbau warteten. Nach dem Erteilen der Baugenehmigung müssen die Erdbeben sicheren Stützen innerhalb eines bestimmten Zeitraumes errichtet werden. Danach eilt es nicht mit dem Weiterbau. Solange das Haus kein Dach hat, muss keine Steuer bezahlt werden.

So jedenfalls habe ich das verstanden.

Den größten Teil des Weges hatten wir zurückgelegt, als wir von einer kurzfristig notwendig gewordenen Umleitung erfuhren. In der Nacht zuvor hatte es hier im Süden der Insel ein Unwetter gegeben, das Wasser hatte die Schutzdämme überspült, eine Brücke weggerissen.

Die Olivenbäume standen unter Wasser, es sah aus, als stünden sie in einem flachen See.

Deshalb durchfuhren wir Dörfer abseits der touristischen Routen. Kleinste würfelförmige Häuschen mit ebenso kleinen Fensterchen, die Dächer aus Stein oder Wellblech, Brettertüren…, aber alle im hellen Weiß und ihre Dürftigkeit verdeckt von blühenden Bougainvillea und Orangenbäumen.

Endlich LINDOS.

Wir sind nur 18 Kilometer von der türkischen Küste entfernt.
Im 5.Jahrhundert v.u.Z. war LINDOS die bedeutendste Polis (Stadtstaat) auf Rhodos.
Auf einem zwischen zwei Buchten aufragenden Felsen befand sich das Heiligtum der Athena LINDOS.
Später, im 13.Jahrhundert beginnend, integrierten die Johanniter die antike Akropolis in ihre mächtige Burganlage und bauten sie bis ins 16.Jahrhundert schrittweise weiter aus.

Die Säulen des Heiligtums wurden von italienischen Archäologen z.T. wieder aufgerichtet und waren nicht nur unser beliebtestes Fotomotiv.

Leider gab es an diesem Tag weder Esel noch Maultiere, die uns nach oben tragen würden. Die Urlaubssaison ist zu Ende, und wir mussten uns selber bemühen. Unsere ohnehin zahlenmäßig kleine Gruppe schmolz aufgrund der Anstrengungen des Aufstiegs weiter.

Ich war vor einigen Jahren im Saronischen Golf, auf der Insel Poros, auf einem Maultier geritten. Es war für mich ein unvergessliches Erlebnis, die Umgebung „von oben" zu betrachten. Nur das Aufsteigen auf mein Reittier war schwer, ohne Hilfe unmöglich, das Absteigen fast noch komplizierter. Ich war fest entschlossen, nunmehr sogar die Treppen hinaufzureiten. Wenn das Tier mich hätte tragen wollen…

Vor uns erhoben sich die mächtigen Mauern, die so von den Rittern des Johanniterordens gebaut worden waren.
An diesem Tag „brannte" die Sonne vom Himmel, obwohl es einer der letzten Tage im November war. Es war schon anstrengend für mich, da hinauf zu steigen.
Hinter jedem Felsen, hinter jedem Mauervorsprung hatten wir eine neue phänomenale Aussicht im Sonnenschein: die Säulengruppen des Tempel-Heiligtums, die wehrhaften Mauern des Kastells, unter uns die weißen Dächer des Dorfes und immer wieder das (ich betone) blaue Wasser.
Mich faszinierten besonders die Momente, wo mehrere historische Bauphasen zu sehen waren, beispielsweise dort, wo die griechischen Säulen in die kompakten, dicken Mauern der Ritterburg integriert worden waren oder da, wo das ehemalige Schatzhaus der Griechen, der Ort, an

dem ehemals die Weihgeschenke abgelegt wurden, nur noch ein tonnenförmiges Gewölbe in der Burgmauer ist.

Voller Eifer fotografierten wir uns gegenseitig inmitten der Reste der Antike.
Möglicherweise wollten wir dokumentieren, dass auch wir hier waren, denn alle Reisegäste, mit denen ich sprach, erzählten, dass sie zum wiederholten Male auf Rhodos waren.

Unser Ausflug endete zu Füßen des Burgberges in den kleinen Gassen des weißen Dorfes, wo sich in jedem zweiten Haus ein Geschäft oder Lädchen befand.
Touristische Angebote lockten: Olivenseifen mit den verschiedensten Zutaten wie Aloe, Kräuter, Lavendel, Vanille, Ringelblume, sogar Schokolade, Schwämme, Ledersandalen "a la Göttinnen", Tücher, Beutel…
Nicht zu kaufen, aber überall zu sehen, waren Katzen, Katzen, Katzen… Viele, viele.

Auf der Rückfahrt besuchten wir eine Keramikwerkstatt. Überall, wo ich als Reiseleiterin sonst mit Touristen hin fuhr, ist es üblich, handwerkliche Traditionen zu zeigen und zum Kauf anzubieten.
Hier wurden nach alter griechischer Tradition Amphoren, Vasen, Teller, Becher… angeboten. Sie erinnerten mich ein wenig an die Töpferwaren von Korinth. Die Preise überstiegen jedoch unsere Kaufkraft. Doch es gab auch in dieser Reisegruppe Touristen, die Souvenirs erwarben.

Wir fieberten schon der Hauptstadt entgegen. Würden wir noch Zeit haben, einen kleinen Bummel durch RHODOS zu machen?

Ich hatte mich am Morgen schon geärgert, dass ich nicht den Ausflug mit der Stadtführung hier in Rhodos gebucht hatte. 1988 erhielt die Altstadt den UNESCO-Weltkulturerbe Titel.

Die Kreuzritter des Johanniter-Ordens hatten den mächtigen Mauerring gebaut, fünf Kilometer lang und bis zu 12 Meter breit.
Nur wenige Meter vom Schiff entfernt ist das erste Tor in der gewaltigen Stadtmauer.
Für unser zweites Programm an diesem Tag brauchte ich unbedingt einen Kaffee und einen Eierkuchen. Für zwei Kaffee und den einen Snack bezahlten wir mehr als 17 Euro.
Aber wir saßen auf dem zentralen Platz der Altstadt mit dem Blick auf Papageien und die den Platz beschattenden Fici. Die Papageien krächzten fürchterlich und die Katzen

saßen ungestört auf den Autos und schlichen um unsere Beine.

Wir wollten die Altstadt wenigstens einmal durchqueren. Eine etwas breitere Einkaufsstraße führte von diesem Platz aufwärts zwischen Tavernen, Schmuckgeschäften und Souvenirläden aller Art. Am Ende der Straße hatten wir den Turm einer Moschee entdeckt. Dorthin eilten wir, umrundeten den Bau, weil die Tür geschlossen war. Beim Nachlesen erfuhr ich, dass die Moschee ein Nachfolgebau aus den Anfängen des 19.Jahrhunderts war. Diese Süleymann-Pascha-Moschee befindet sich nahe der Stadtmauer.

Folglich war die Stadtmauer unser nächstes Ziel. Die Festung wurde von den Angehörigen des Johanniterordens vom 13.-16.Jahrhundert immer weiter ausgebaut. Die Mauern schienen uns uneinnehmbar, sie wurden von Bastionen unterbrochen und zum Teil, auch dort, wo wir entlang liefen, bestand sie aus Doppelmauern. Zwischen den beiden Mauerzügen, tief unter uns, waren Grünanlagen, Spazierwege und Sitzbänke.

Wir irrten ziemlich lange durch das Geflecht der Wehrmauern, aber nicht, weil wir uns verlaufen hatten, sondern weil sie uns faszinierten. So standen wir auch an der einzigen Fahrstraße, die nach draußen führte.
Irgendwann standen wir auch vor den Resten des Großmeisterpalastes. Wir stiegen ausgewaschene Stufen hinauf, um durch die unüberwindbaren Zäune wenigstens ein Foto zu machen. Die Italiener hatten während der Zeit ihrer Herrschaft den Palast rekonstruiert.
Aber: Wir waren zu spät. Zu spät in der Jahreszeit und in der Tageszeit, um ihn geöffnet vorzufinden. Wir hätten

uns noch mehr geärgert, wenn geöffnet gewesen wäre, als wir aus Zeitgründen zum Schiff zurück mussten.

Vieles hatten wir nicht gesehen, weder die Tempelruine der antiken Stadt mit all den anderen Relikten der Antike, noch die mittelalterliche Festung Agios Nikolaos.
Und der als Leuchtturm errichtete Koloss von Rhodos setzte sich erst wieder in unseren Gedanken fest, als wir als fast letzte Touristen das Schiff wieder erreichten.

In meiner Vorstellung sehe ich dieses Weltwunder aufrecht stehend, die Füße fest zu beiden Seiten der Einfahrt in den Mandraki-Hafen. Jeder Händler oder Reisende musste, um ins Hafenbecken zu gelangen, unter dieser hindurch fahren und automatisch seine Größe und Stärke bewundern.
Alle Abbilder dieser Figur sind frei erfunden, es gibt nicht einen archäologischen Beweis, wo er genau gestanden hat, noch wie der Koloss aussah. Man nimmt an, dass er 283 v.u.Z. für den Sonnengott Helios aus 12 Tonnen Bronze gegossen wurde, freitragend und 36 Meter hoch war. Ein reichliches halbes Jahrhundert (56 Jahre) hat er den Schiffen den Weg gewiesen, bis er durch ein Erdbeben zerstört wurde.
Letztendlich blieb uns nur bei der Ausfahrt vom Liegeplatz des Kreuzfahrtschiffes der Blick auf die mittelalterliche Festung und die restaurierten Windmühlen am Mandraki-Hafen.
Und uns blieb die Vorstellung, dass einst die reichen Rhodier diesen Koloss dort an der Hafeneinfahrt erbauen ließen.

II. KREUZFAHRT WESTLICHES MITTELMEER

MARSEILLE

Unser Kreuzfahrtschiff, die „Costa Fortuna", sollte während dieser Reise erstmals in Marseille vor Anker gehen.
Ich war neugierig auf die Region und die Stadt selbst. Viel wusste ich nicht von der französischen Hafenstadt:
    älteste Stadt Frankreichs,
    westliches Mittelmeer,
    von Griechen gegründet,
    Erdölhafen,
    Marseillaise…
Das war schon fast alles.
Im Ausflugsprogramm bzw. Bordprogramm wurde auf den möglichen Besuch der Stadt hingewiesen. Fünf Zeilen.
Die Ausführungen lockten eigentlich nicht, ich war dennoch gespannt und freute mich riesig.
Nach dem zeitigen Frühstück stand ich bereits an der Reling, als sich das Schiff langsam der Stadt näherte.

Mein letzter Reiseauftrag vor dieser Urlaubsfahrt hatte mich nach Kroatien (Krk) geführt.
Die Landschaft, die ich jetzt erblickte, sah ähnlich aus. Felsig, steinig, landwirtschaftlich wenig genutzt. Parallel zum Meer erstreckte sich eine Hügelkette mit Klippen und kleinen Buchten, deren Ufer mit Macchia bewachsen waren.
Ab und an hatten wir beim Vorbeifahren Reste einer Burg oder einer Verteidigungsanlage gesehen.
Marseille breitet sich über 50 Kilometer entlang des Meeres aus, d.h. wir würden während unseres Aufenthaltes nur einen kleinen Ausschnitt aus der sich uns jetzt bietenden Stadtsilhouette kennen lernen.

Mit dem Shuttle-Bus werden wir in den „Alten Hafen" gebracht (View Port).

Der innere, oder besser der alte Hafen, war vom Meer her nicht einsehbar. Unvermittelt standen wir nach dem Ausstieg aus dem Bus sozusagen im Herz der Stadt.

Hier liegen schmucke Segelboote neben Fischerbooten, pompöse Yachten neben schlichten Seglern. Boot neben Boot. Schiff neben Schiff.

An dieser Stelle waren vor 2 600 Jahren die Griechen gelandet, also im 6.Jahrhundert v.u.Z. Deshalb spricht man auch vom „Geburtsort der Stadt", wenn man den alten Hafen meint.

Noch bevor wir die 90 Stufen zum Belvedere St-Laurent hinauf stiegen, war ich von der Lebendigkeit des Hafens begeistert. Breite Straßen führen entlang des Wassers, der Verkehr floss, und an der Nordseite, am Quai du Port, sah ich viele weiß überdachte Verkaufsstände. Dorthin wollte ich später, dort befindet sich der Fischmarkt.

Ansonsten waren die Häuser entlang des Quais (außer einem Hotel) mehr sachliche, vornehme Nachkriegsbauten.

1943 waren während des Krieges hier im Viertel 2 000 Häuser zerstört, gesprengt worden. Die deutschen Besatzer fürchteten den Widerstand.

Unser geführter Stadtrundgang begann nach der „Bewältigung" der Treppenstufen, die vom Hafen nach oben führten, am Belvedere, gegenüber dem Fort St-Jean. Wieder beeindruckte der Hafen mit den ein- und ausfahrenden Schiffen und der Blick auf das gegenüberliegende, zweite Fort und die ansteigenden Stadtviertel ringsum.
Über der Stadt, am Horizont, thronte die Kathedrale Notre-Dame-de-la-Garde.
Ein „Traumblick"!

Hier erhielt ich schon einen ersten Eindruck von der Kulturhauptstadt Europas 2013.

Zusammen mit der Stadtbilderklärerin liefen wir durch das Viertel Le Panier, durch die Altstadt. Glücklicherweise waren wir durch den Aufstieg zum Belvedere schon ziemlich weit über dem Hafenniveau. Trotzdem hatte ich das Gefühl, dass noch einmal alle Gassen nach oben führten.
Auf dem Hügel hier befand sich in griechischer Zeit die Stadt Massilia. Der Grundriss der Stadt sei noch heute vorhanden.
Le Panier ist nicht nur die Altstadt, sondern auch ein ehemaliges Emigrantenviertel.
In diesem Stadtviertel leben besonders viele Nordafrikaner, hauptsächlich Algerier, aber auch Künstler und Aussteiger aller Art. Ich las in diesem Zusammenhang von einem „Schmelztiegel der Kulturen".

Die engen Gassen mit dem alten Kopfsteinpflaster haben es mir angetan.

Die Häuser sind hauptsächlich in den Farben beige und gelb, aber auch rot, orange und rotbraun getüncht.

Im Viertel gibt es kaum einen Baum, der Schatten spendet. Das Grün der Bäume fehlt aber. Deshalb sorgen die Einwohner für farbenfrohe Abwechslung. Neben Hauseingängen sowie auf Treppenstufen und Fensterbänken stehen Blumentöpfe, meist in grellen Keramiktöpfen. Einige Bewohner hatten die Blütenpracht sogar an den hölzernen Jalousien der Fenster angebracht, die nunmehr im Inneren keinen Schatten mehr spenden konnten, weil sie nicht mehr zu schließen waren.

Dort, wo Gassen als Stufen hinaufführen, stehen auf jeder Treppenstufe Blumentöpfe. Vielmals hängen die Töpfe sogar an Häuserwänden; dafür wurden die Abflussrohre der Dachrinnen und Blitzableiter genutzt. Unten, in den schmalen Gassen, sind es meist Grünpflanzen, aber oben entdecke ich sogar blühende Bougainvillae.

Für uns Besucher sind die traditionellen Wäscheplätze in den südlichen Ländern ungewohnt, wo die Wäsche von einer Straßenseite zur anderen, also quer über die Straße, aufgehängt wird und sich die Doppelleinen unterhalb des Fensters an der Straßenseite entlang ziehen.

Die Häuserwände sind nicht nur in den Farben verschieden, sondern an vielen Stellen zieren Kunstwerke der „Street-Art" die Wand-, Tür- und Fensterflächen.

Die „Kunstwerke" hier im Viertel sind sehr, sehr unterschiedlich. Liebevoll und farbenfreudig zeichneten die einen das Typische der Stadt und der Menschen. Comics, in grellen Farben gehalten, entdecken wir ebenso wie Schmierereien und Gegenstände aus Holz und Metall, die einen farbigen Anstrich erhalten hatten. Holzregale zur kostenlosen Bücherentnahme, alte Metallfässer, die bunt bemalt waren, kleine und kleinste Bistrotischchen, grob gezimmerte Sitzgelegenheiten, wir fanden die skurrilsten Fotomotive.

Auf einer grasgrünen Wandfläche ist eine an diese Wand gemalte Fischbüchse zu sehen, der Deckel aufgerollt um einen kleinen Öffner und gefüllt mit Sardinen; exakt nebeneinander liegen sie, malerisch angeordnet und farbenfroh.

Fischbüchsen mit Sardinen und Sardinen generell sind ein häufiges Souvenirangebot.

Ein paar Schritte weiter bewundere ich das Farbenspiel auf einer im Grundton dunkelblauen Tür, kein Bild, sondern nur Farben, die treffend zueinander passen.

In einem Holzrahmen, der dem Fußende eines älteren Bettgestells ähnelt, watschelt auf dem Bild eine Ente. Daneben am Haus hat ein Künstler ein vierteiliges Bild angebracht mit dem Titel „Cite´ Panier", vier aufeinander abgestimmte Bilder seines Wohnumfeldes.

An einem anderen Haus in der Rue M. Salvarelli verwirklichte der Street-Künstler eine besondere Idee. In kräftigen Farben malte er seine Stadt. Als Motiv wählte er den Blick von der Terrasse über den Hafen zur Kathedrale Notre-Dame-de-la-Garde. Es war genau das Motiv, das wir eine Stunde zuvor auch fotografiert hatten.

Sein Bild bestand jedoch aus roten, orangefarbenen, blauen und gelben verschieden großen Dreiecken und Vierecken, die um den inneren dunkelblauen Hafen angeordnet waren. Nur am Horizont war die Kathedrale realistisch dargestellt.

Wir standen noch davor, als sich in der Mitte des Stadtbildes ein Fenster öffnete, das wir zuvor nicht bemerkt hatten. Genauer: Hinter dem bemalten Fensterladen, der geöffnet wurde, war ein Glasfenster, in dessen Mitte eine Sardine prangte. Ein Café öffnete für seine Gäste.

Ob alles, was wir hier sehen, Street-Art ist, wage ich zu bezweifeln. Besonders die zwischenmenschlichen Themen erscheinen mir dilettantisch und nicht erhaltenswert.

Mitten im Viertel stehen wir plötzlich vor einem großen barocken Gebäude aus dem 17./18.Jahrhundert, das ehemalige Armenhaus „La Vieille Charité".

Der Architekt, Pierre Puget, war im Viertel geboren worden. Möglicherweise hat sein Geburtsort dazu beigetragen, dass er sich in die Situation der hier Lebenden einfühlen konnte.

Wir stehen in einem größeren Innenhof. An zentraler Stelle befindet sich eine Kapelle. Von hier aus hat man den Blick über den Hof auf die offenen Bogengänge des Hauptgebäudes und von dort wiederum auf die Kapelle. Die Sonne scheint direkt auf diesen dreigeschossigen Bau.

Gegenwärtig befindet sich darin das Museum für Mittelmeer-Archäologie.

Ich war besonders von der Nutzung der offenen Bogengänge begeistert. Hier ruhten damals an frischer Luft die Kranken. Im 17.Jahrhundert war das visionär.

Selbstverständlich musste ich mir den Bau aus der Nähe ansehen, auch wenn die Zeit wieder einmal knapp war. Ich eilte folglich die breiten Steinstufen hinauf und überzeugte mich persönlich davon, wie gut diese Idee von der Nutzung der offenen Galerien war.

In einem der kleinen Cafés am Platz nebenan tranken wir einen Espresso und ließen das Erlebte im Panier-Viertel noch einmal Revue passieren.

Nunmehr waren wir für den privaten Teil der Besichtigung bereit.

Wir hatten uns vorgenommen, die Zeit maximal zu nutzen. Und vorweggenommen, wir nahmen am Nachmittag auch einen der letzten Shuttlebusse zurück zum Schiff.

Vom Stadtteil Le Panier liefen wir zunächst abwärts zum Quai du Port.

Vom Fischmarkt war ich enttäuscht. Möglicherweise kamen wir zu spät und sahen nur noch die Reste eines imposanten Verkaufsgeschehens. Ich kann es nicht beurteilen.

Den arabischen Markt fanden wir überhaupt nicht. In einer arabisch anmutenden Straße aßen wir eine Pizza und schmiedeten neue Pläne.

Wir befanden uns zwischenzeitlich auf der Prachtstraße La Canebiere. Menschen eilten an uns vorbei; es war schwierig, die Straße zu queren.

Ich wollte unbedingt zu den Wurzeln des weltbekannten Revolutionsliedes „Marseillaise".

Unser Ziel, das „Musee d'Historie de Marseille" zu besuchen, bedeutete, dass wir zurück zum Vieux Port laufen mussten, aber natürlich nicht auf der breiten Hafenstraße, sondern durch die schmaleren Gassen.

Die französische Flagge sahen wir schon, als wir in die entscheidende Straße einbogen. Ich freute mich, dass ich endlich den Ort sehen würde, wo der Text der Marseillaise entstanden war.

Und dann…

An der Häuserwand, auf dem Bürgersteig, lag ein Mann auf einer alten Matratze, scheinbar schlief er. Zumindest hatte er die Augen geschlossen. Wir erlebten, wie ein Auto der Ordnungskräfte neben ihm anhielt. Er musste von „seiner" Matratze aufstehen; er gab sie auch ohne Widerworte ab. Auf der anderen Straßenseite stapelte sich Müll aller Art. Dorthin wurde die Matratze verbracht.

Die beiden Ordnungshüter stiegen danach in ihr Auto ein und fuhren weiter.

In aller Ruhe schlurfte der Mann zur gegenüberliegenden Seite, nahm die Matratze und legte sich wieder hin.

Während dieser kleinen Szene hatte ich die Marseillaise völlig vergessen.

Nach kurzem Zögern gingen wir weiter zum 2011 wiedereröffneten Museum.

1792 war diese Hymne von Rouget de Lisle verfasst worden; und zwar in der Nacht, als

Frankreich Österreich den Krieg erklärte. Sie wurde erstmals von Soldaten aus Marseille gesungen und ist seit 1795 Nationalhymne.

Ein kleiner historischer Schauer durchläuft meinen Körper, als ich daran dachte, wie stolz ich während meiner Schulzeit im Französischunterricht dieses mitreisende Lied gesungen hatte.

Nun musste ich zur Kenntnis nehmen, dass zwar, begeistert von den Revolutionsereignissen 500 Freiwillige zur Verteidigung entsandt wurden, dass aber der Stabsoffizier de Lisle weit weg in Straßburg weilte und von dort mit seinen Texten die Revolutionäre unterstützte. Die Marseillaise war nicht hier geschrieben worden!

Ein Mythos wurde zerstört.

Auch für unser nächstes Ziel mussten wir zum alten Hafen zurück.

Place d'Aix.

Ich hatte von diesem besonderen Triumphbogen gelesen und wollte ihn unbedingt sehen.

Der Konstantinsbogen in Rom, der Triumphbogen in Bozen, den Mussolini in Auftrag gab, oder der Triumphbogen in Paris, den Kaiser Napoleon I. bauen ließ, alle künden von militärischen Siegen.
Auch hier stehen wir vor einem Denkmal, das von einem Sieg erzählt. Aber anders.
Inmitten einer Grünanlage, ziemlich isoliert, steht das Monument für den Frieden von Paris, eines Vertrages, in welchem das Ende des amerikanischen Unabhängigkeitskrieges signiert wurde.
Das ergibt für mich einen Sinn.
Dabei ist es für mich nicht entscheidend, dass die Idee zum Bau des Denkmals von einem Kaiser (Ludwig XVI.) stammte.
Hier wollte ich stehen.

Langsam mussten wir an den Rückweg denken, denn unser Aufenthalt ist zeitlich begrenzt.
Auf der touristischen Liste der verschiedensten Ziele in der Stadt stand noch, Souvenirs zu shoppen.
Das ist gar nicht so einfach, wenn man eine genaue Vorstellung hat. Ich wollte die berühmte Seife von Marseille erwerben.
Schon zur Zeit Ludwig XIV. war Seife aus Marseille etwas ganz Besonderes. Die Seifensieder aus dieser Stadt belieferten ganz Frankreich mit ihrer Seife, die nur aus Olivenöl hergestellt wurde. Heute wird vor Plagiaten gewarnt. Ich aber hoffte, das würfelartige Siegel für die Echtheit zu finden. Ironischerweise liefen wir auf dem Rückweg an keinem dieser Läden vorbei.

Unser zweiter Wunsch war der Erwerb eines Basecaps. Aber auch dieser Laden, den wir extra bei der Stadtführerin erfragt hatten, war geschlossen.

Dadurch hatten wir viel Zeit für die römisch-katholische Kathedrale, die Cathedrale Notre Dame de la Major.
Die Bischofskirche war groß: sie war hoch (60 Meter), sie war lang (141 Meter) und sie war breit (50 Meter).
Sie war monumental!

Gleich mehrmals liefen wir außen um die Kathedrale und bestaunten ihre Ausmaße.
Das Kirchenschiff besteht aus abwechselnd rotbraunen und weißen Marmorstreifen, das Portal beeindruckt mich besonders mit seinem überhöhten Eingangsbogen und zwei Glockentürmen, die scheinbar darauf ruhen.
Auf der der Seeseite gegenüberliegenden Front wurden die Reste einer romanischen Vorgängerkirche saniert; wir bestaunen die aus groben Steinen gebauten Mauern.
Der neue Kirchenbau wurde Mitte des 19.Jahrhunderts auf den Resten dieser romanischen Kirche begonnen und nach zirka 40 Jahren 1893 beendet.
Die byzantinischen Kuppeln auf dem Dach vollenden den äußeren Eindruck. Das Gebäude wirkt dadurch nicht so streng, eher leicht.
Hauptsächlich aufgrund der Existenz der Kuppeln spricht man vom romanisch-neobyzantinischen Baustil.

Aber erst das Innere!
Eigentlich sollte die Kathedrale gar nicht geöffnet sein.
Wir hatten Glück.

Die Kirche ist dreischiffig. Und dreifarbig sind auch die vorherrschenden Farbtöne: beige, dunkelrot und goldfarben.

Rotbraune Marmorplatten wechseln an den Wänden mit beigefarbenen ab. Die Zeichnungen der Fußbodenmosaike, ebenfalls aus Marmor, bestehen hauptsächlich aus Kreisen und Vierecken. Schlichte, dunkle Holzbänke geben uns Gelegenheit, zu sitzen und zu schauen. Nur wenige Besucher sind zu dieser Zeit im Inneren der Kirche.

Durch die Bogenfenster scheint die Sonne und erhellt die Gemälde an den Wänden im Inneren, auf goldfarbenem Grund leuchten Blumen und Pflanzen.

In der Apsis und in den Seitenkapellen ist goldfarben, entsprechend der christlichen Bedeutung, die vorherrschende Farbe.

Die Vielfalt des Gesehenen kann ich nicht beschreiben.

Wir waren beide froh, dass wir sozusagen unseren letzten selbst gewählten Besichtigungspunkt absolviert hatten. Die Konzentration lässt nach und der gewonnene Eindruck kann ohnehin nicht getoppt werden.

Natürlich hätten wir gern noch dies und das gesehen oder auch erworben, aber die Zeit (insgesamt nur vier Stunden) ließ es nicht zu.

BARCELONA

Ich habe diese Kreuzfahrt privat gebucht, um aus der Sicht eines Gastes Hinweise auf meine Aufgaben als Reiseleiter bei Kreuzfahrten zu erhalten.

Während meiner Reisen mit dem Bus ärgere ich mich ständig darüber, dass die Reisenden aus den Hotels Speisen der verschiedensten Art entwenden. Nunmehr wollte ich wissen, wie das auf einem Kreuzfahrtschiff geregelt wird. Wie reagieren hier die Verantwortlichen?
Grundsätzlich soll jeder Reiseleiter zu Beginn einer Mehrtagesfahrt mit dem Bus darauf hinweisen, dass das gebuchte Frühstück und Abendbrot, also die Halbpension, nicht bedeutet, dass sich der Gast beim Frühstück für den ganzen Tag mit Nahrung versorgt. Diese Unsitte umschreiben wir mehr oder weniger, weil sie nur einen kleinen Teil unserer Reisenden betrifft. Ich selbst sage meist, dass es nicht gewollt ist, „Marschverpflegung" mitzunehmen.
Die Hotels bringen Hinweise am Buffet an, beispielsweise „Iss Dich fit, nimm nichts mit!"
Leider ist es so, dass die Gäste mitunter nicht zuhören, den Hinweis des Hotels nicht lesen und meinen, dass auf den Tischen doch reichlich Essbares aufgetafelt sei. Und sie würden doch nur Obst mitnehmen oder mal ein gekochtes Ei.
Viele Hotels haben sich schon darauf eingestellt. Das Obst wird geteilt, so gibt es Bananenstücke, geviertelte Orangen, Melonenspalten. Die Eier werden geschält serviert, geteilt und garniert oder es gibt gar keine mehr.
Zum Osterfest aber gehören die bunten, gefärbten Eier unbedingt dazu, wie der Osterhase selbst.
Wir übernachteten beispielsweise in Schlesien in einem familiär geführten Hotel, in dem man sich große Mühe gab,

ein extra opulentes Ostermahl für uns zu offerieren. Natürlich gehörten zum Buffet bunt gefärbte und bemalte Eier. Ich habe auch niemand gesehen, der die Ostereier aus dem Speisesaal schmuggelte. Aber, am Tag der Heimreise erlebte ich dann eine „Osterbescherung" besonderer Art.

Wir hielten an einer Raststätte. Ich war einem älteren Herrn beim Aussteigen behilflich und sah ihm hinterher, wie er sich vom Bus entfernte. Seine Hose war auf der gesamten Sitzfläche gelb, besonders das Eigelb hatte seine Spuren hinterlassen. So wie sein Hosenboden sah auch der Sitzplatz aus, das Ei war förmlich in den Stoff hinein gerieben. Und auf dem Boden sah man die Eierschalen, zerbrochen, zertreten.

Ich war unbeschreiblich „sauer". Selbstverständlich mussten sofort Sitz und Fußboden gereinigt werden. Einen „Ersatzplatz" hatte ich nicht. Der Gast musste nach der Rückkehr auf einer Decke Platz nehmen, die über einer Folie lag. Nun war er „sauer".

Hier auf dem Schiff kümmerte sich niemand darum, was vom Buffet mitgenommen wird. Es wird auch nicht heimlich hinaus getragen, sondern ganz offiziell auf Tellern oder in Servietten verpackt. Ebenso ist es mit den kostenlosen Getränken. Das liegt wohl daran, dass auf dem Schiff eine Vollverpflegung selbstverständlich ist.

Wie bin ich neidisch auf die Reiseleiter, die sich nicht ständig mit diesem Problem auseinandersetzen müssen. Mir ist es meist unangenehm, die Gäste anzusprechen, aber ich muss es tun.

Vor der Reise hatten wir zu Hause geplant, alle Städte zu besuchen, in denen das Schiff anlegte. Das bedeutete für uns, täglich eine geführte Stadtbesichtigung: Genua, Marseille, Barcelona, Valencia.

Gewöhnlich setze ich mich abends etwas abseits und notiere das Erlebte. Nach dem langen Tag in Barcelona war ich so erschöpft, dass ich es unterließ. Ausgerechnet in Barcelona tat ich es nicht.

Nun muss ich während des Schreibens sehen, dass ich meine Mitschriften entziffern kann, denn ich war so von der Stadt begeistert, dass ich mitunter vergessen hatte, mir Notizen zu machen.

Unser geführter Stadtrundgang endete am Boulevard der Stadt, den Les Ramblers.

Bald 1,5 Kilometer erstreckt sich die breiteste und längste Flaniermeile vom Hafen bis zum Katalanischen Platz. Einstmals verliefen hier die Stadtmauern und in ihrem Schutz suchte ein schmales Flüsschen seinen Weg zum Meer. Nachdem die Stadtmauern geschliffen worden waren, konnte hier eine breite Straße entstehen.

Die beiden Fahrbahnen rechts und links schließen einen breiten, belebten Boulevard ein. Ich vergleiche das geschäftige Treiben mit einem Wochenmarkt. Unter hohen, breiten Platanen gibt es die verschiedensten Dinge: Blumen, Schmuck, Taschen, Tücher, Bilder und Ansichtskarten …, und natürlich Speisen warm und kalt. Ich meine, dass das Angebot den Wünschen der Touristen aus den verschiedensten Regionen entspricht, die in großer Anzahl den Boulevard auf und ab laufen.

Wer in Barcelona bummelt, stößt irgendwann auf den Namen Gaudi. Deshalb bogen auch wir nur ein einziges Mal von unserer Hauptachse ab, zum Palais Güell, dem Palast eines Grafen, dessen Namen das Wohnhaus trägt. Bedauerlicherweise konnten wir das Gebäude nur von außen bestaunen.

Der Architekt Antonio Gaudí verwendete völlig außerge-wöhnliche Elemente. Er bevorzugte wellige und schiefe Formen, bunte Keramikfliesen, geschmiedete Balkone, ei-genwillige Schornsteine und viel farbiges Glas.

Dieses Stadtpalais ist eines der ersten (1885), welches er mit finanzieller Hilfe Güells baute. Aber als ich im Internet nachsehen wollte, war es unter den „10 meist gesehenen Gebäuden in Barcelona" nicht zu finden.

Im Jahr 2002 leitete der Vatikan ein Seligsprechungsver-fahren für den 1926 Verstorbenen ein. Das Verfahren dau-ert an. Aber auch ohne Seligsprechung wird der Architekt Gaudí öffentlich verehrt.

Wir hatten wirklich Pech. Der berühmte Park Güell war geschlossen, und für die Sagrada Famiiia fehlte uns die Zeit.

Eine Weltausstellung war immer auch Anstoß für bauliche Veränderungen. Das trifft auch für das Jahr 1888 in Barcelona zu.

Aus diesem Anlass und um den Entdecker Kolumbus zu ehren, wurde am Ende der Rambla in unmittelbarer Nähen zum Hafen ein Denkmal gebaut.

Wir stehen vor einem achteckigen Unterbau, auf dem die Geschichte der Entdeckung Amerikas erzählt wird. Darüber ragte eine 60 Meter hohe korinthische Säule aus Eisen in die Höhe. Auf dieser schlanken Säule ruht eine Krone, auf der wiederum eine Erdkugel, und darauf steht der Geehrte. Mit der rechten Hand weist er hinaus aufs Meer, in der linken hält er möglicherweise eine Urkunde. Es sieht aus wie eine Papierrolle, so wurden früher wichtige Informationen weitergegeben.
Nachdem wir dem Entdecker von unten unsere Referenz erwiesen hatten, stiegen wir in einen Aufzug, der uns nach oben bringen sollte. Allein stiegen wir ein, allein waren wir auf der Aussichtsplattform. Für uns war es verwunderlich, dass nicht deutlich mehr Menschen diesen Ausblick genießen wollten.

Hier oben entstand die Idee, den restlichen Nachmittag am Meer zu verbringen.

Angelockt von rhythmischer Musik inmitten einer größeren Menschengruppe liefen wir dorthin. Zunächst konnte ich es mir nicht erklären, weil ähnlich wie beim Line Dance sich jeder Teilnehmer ohne Tanzpartner bewegte. Wem der Rhythmus gefiel, konnte mittanzen.
Die Formation vergrößerte sich allmählich. Ich fand jedoch nicht den „Mut", mich einzureihen, auch dann nicht,

als ich begriffen hatte, dass hier nicht irgendein Tanz ge-
tanzt wurde, sondern Sardana. Das ist der katalanische Na-
tionaltanz.

Wir würden am Ende unseres Aufenthaltes noch die Hafenstraße entlang gehen, um zum Alten Hafen zu gelangen.
Der Handelshafen ist außerhalb.

Hier befand sich der Anlegeplatz für Segeljachten und Mo-
torboote. Am Ufer spazieren viele Menschen, sie schlendern. Auch wir versuchen das, aber wir wollten trotzdem
noch Neues entdecken.

Unsere Aufmerksamkeit gehörte einer Holzbrücke, die wir
schon vom Monument Colon gesehen hatten. Von weitem
sah es aus, als hätte irgendjemand große graue Wellen auf
das Wasser gemalt. Aber die scheinbaren Wellen waren aus
Holz. Eine Brücke. Sie verbindet erst seit 1994 die Stadt
mit der ins Meer hinaus ragenden Mole und trennt den
Jachthafen vom größeren Hafenbecken. Unser erster Eindruck: viele Boote, viele Menschen.

So wie wir bummelten an diesem sonnigen Nachmittag viele Menschen zum Einkaufszentrum auf der anderen Seite der Brücke.

Wir waren fasziniert, als wir sehen konnten, wie sich die Brücke öffnete, sie funktionierte ähnlich einer Schiebetür in der Wohnung. Zwei Jachten passierten die Öffnung, dann wurde die Brücke geschlossen.

Wir liefen weiter Richtung Molen-Ende. Ursprünglich wollten wir über die Moll d'Espanya laufen, dort hätten wir den Blick in ein weiteres Hafenbecken gehabt.

Aber dann verzettelten wir uns.

Vor dem Maremagnum, einem Einkaufs- und Vergnügungszentrum, boten Händler aus afrikanischen Staaten auf Laken und Decken, die sie einfach auf dem Boden ausgebreitet hatten, ihre Produkte an.

Da lagen nebeneinander auf dem Boden Taschen, Sonnenbrillen, T-Shirts und anderer „Schnickschnack".

Die Händler beobachteten dabei die Umgebung sehr genau. Sichtlich war der Verkauf vom Staat nicht gewollt. Aber von weitem betrachtet, wie wir es taten, ist der Verkauf immer unterhaltend, besonders dann, wenn der Anbieter blitzschnell seine Ware einpackt und mit vollen Taschen die Straße entlang schlendert. Nach kurzer Zeit, inzwischen ist die Police gegangen, kommen sie wieder. Der Verkauf beginnt erneut.

Dieser Vorgang scheint in allen Ländern am Mittelmeer gleich abzulaufen. Mir fiel nur auf, dass hier viele Menschen, nicht nur Urlauber, die Händler umringten.

Auch heute waren wir die letzten Gäste, die mit dem Shuttle zurück zum Schiff kamen.

Unser Kreuzfahrtschiff schien schon auf uns zu warten. Als es 2003 gebaut wurde, war es damals das größte der Reederei Costa Crociere. Jetzt, 2019, ist es mit rund 2.700 Passagieren eines der kleineren Schiffe.

Und während ich die Landungstreppe hinauf eilte, dachte ich daran, dass ich kürzlich, während einer Tagesfahrt zusammen mit meinen Gästen, ebenfalls zu einem Schiff lief, das ich keinesfalls verpassen wollte:
Anlass unseres Aufenthaltes war das größte Frühlingsfest in der Region um und in Werder, das Kirschblütenfest. Mit Pferdekutschen wurden wir am Morgen durch die Umgebung gefahren. Ein großer Teil der Bäume trug schon keine Blüten mehr, aber die Sonne schien, deshalb hatte ich den Gästen nach dem Mittagessen ein zusätzliches „Erlebnis" angeboten: eine Schifffahrt auf der Havel.
Voller Vorfreude eilten wir an den verschiedensten Verkaufsständen des Festes vorbei. Der Schiffsführer erwartete uns schon, denn wir waren am heutigen Tag die einzigen Gäste dieser Rundfahrt.

Voller Erwartungen nahmen wir Platz. Die Abfahrtszeit rückte heran. - Wir fuhren nicht. Der Schiffsmotor blieb still. Wir warteten.

Nach etwa einer Viertelstunde verkündete der Schiffsführer einen Motorschaden.

Unsere Havelrundfahrt war zu Ende, bevor sie begonnen hatte.

Als ich die Gangway passierte, dachte ich daran, dass dieses Schiff wohl keinen Motorschaden haben würde und der Kapitän auch keine Rücksicht nehmen würde, wenn ich es nicht erreichte.

VALENCIA

Pünktlich 18.00 Uhr fährt unser Kreuzfahrtschiff in Valencia ab.

Heute erlebten wir den letzten Urlaubstag an der Ostküste Spaniens.
Mit 27 Grad und Sonnenschein endete einer von 310 Sonnentagen im Jahr.
Ich fand es bezeichnend, dass der Stadtbilderklärer betonte, dass er in 50 Lebensjahren nur zweimal Schnee kennengelernt habe, und das für nur jeweils 20 Minuten.

Heute versteckte sich der orangefarbene Sonnenball erst kurz nach 21.00 Uhr hinter bizarren Wolkenbergen, aus der Ferne wie Gebirge anmutend. Und hinter diesem Wolkengebirge verschwand die Sonne endgültig im Meer.

Vorbei ist auch der Tagesaufenthalt in Valencia.
4,5 Stunden, mehr nicht.

Manche behaupten, dass Valencia die kleine Schwester von Barcelona sei, andere wieder meinen, Valencia sei beeindruckender als die immens größere Stadt. Mir hat Valencia breitere Einblicke während meines Kurzbesuches ermöglicht, eben weil die Stadt überschaubarer ist.

Bei meiner theoretischen Beschäftigung mit der Stadt im Vorfeld der Reise hat mich besonders die Verlegung des Flusslaufs Turia fasziniert.
Das Hochwasser des Rio Turia, der durch die Stadt floss, hatte 1957 nicht das erste Mal zu einer verheerenden Überschwemmung geführt.

Anders als in meiner Heimatstadt oder auch in Florenz und Turin, wo Elbe, Arno und Po ebenfalls über die Ufer treten, wurde hier in Valencia eine Veränderung des Flusslaufs vorgenommen. Ein völlig neues, sogar kürzeres Flussbett wurde gegraben, dort fließt das Wasser seitdem, von den Bergen kommend, ins Meer.

Der Verlauf des alten Flussbettes blieb dennoch im Wesentlichen erhalten, nunmehr zieht sich ein grüner Streifen entsprechend der alten Windungen durch die Stadt.

Das nur noch vier Kilometer lange Flussbett, statt ehemals neun Kilometer, verläuft jetzt außerhalb des Zentrums. Das fließende neue Gewässer haben wir nicht gesehen. Statt eines blauen Bandes existiert nunmehr ein neues, ein grünes Band.

Im trockengelegten Flussbett des Turia entstand in den 90er Jahren ein Freizeitpark.

Voller Begeisterung laufen wir auf dem Grund des ehemaligen Flusses. Wir lernten auf unserem Weg nur drei von

19 Brücken kennen, die über den früheren Fluss führten, dann endete unser Versuch, das grüne Band zu bezwingen. Wie immer waren es Zeitgründe. Und ehrlich gesagt, schmerzten auch meine Beine von den täglichen Stadtbesichtigungen.

Valencia wurde vor 2 200 Jahren als römische Garnisonsstadt gebaut, also planmäßig. 700 Jahre römische Zeit, 200 Jahre Unterwerfung durch die Westgoten und noch einmal 500 Jahre arabischer Zeit gingen vorbei, bis die katalanische Zeit begann. In der Stadt entdeckten wir Einflüsse jedes historischen Abschnitts.

Zur Zeit fordern die Katalanen eine größere Selbständigkeit, deshalb wird in der Hauptstadt Valencia alles Katalanische besonders betont, was beispielsweise in der Anzahl der Fahnen, T-Shirts und anderer Souvenirs deutlich wird.

Am Ende unseres Aufenthaltes bummelten wir noch einmal zwischen und unter den Brücken im ehemaligen Flussbett. Grünflächen, kleine gepflegte Blumenareale und viele mediterrane Bäume, deren Namen wir erst nachschlagen mussten, wie beispielsweise der in kräftigem Lila blühende Yucca-Baum. Sportstätten, Restaurants, breite Spazierwege, Bänke… ein Garten auf neun Kilometer Länge.
Da der Grundwasserspiegel in der Region sehr hoch ist, haben Menschen und Pflanzen genügend Wasser. Viele Palmen und Bitterorangen stehen nicht nur hier, sondern auch an den Straßen innerhalb der Stadt und spenden Schatten.
Im Park selbst sind am frühen Nachmittag nur wenige Menschen, hauptsächlich Jogger.

Die Innenstadt wird von einem Altstadtring umschlossen (sechs Kilometer), der dort verläuft, wo sich früher die Stadtmauern und die Stadttore befanden.

Eines dieser Tore, der mächtige "Torres de Serranos" aus dem 14.Jh., wurde von uns passiert, als wir die Stadt am Morgen betraten.

Es ist das mächtigste Tor, das Haupttor, das auf römischen Grundmauern errichtet wurde. Wir kamen von der anderen „Flussseite" und liefen direkt auf den geöffneten Durchgang des Befestigungsturmes zu und dann unter ihm durch. Zwei mächtige Bastionen links und rechts des eigentlichen Durchgangs machten deutlich, dass in der Vergangenheit für Feinde kein Durchkommen war. Die beiden Verteidigungsbastionen waren mit einer Brücke verbunden, unter der sich das eigentliche Eingangstor befindet.

Die Rückfront sah ebenso mächtig aus. Schade, dass wir nicht die die notwendige Zeit zum Hinaufsteigen hatten. Es ist nämlich möglich!

Mich begeisterte die Stadt vom ersten Augenblick an. „Das ist meine Stadt", erklärte ich mit Bestimmtheit.

Die „Plaza Redonda", ziemlich in der Stadtmitte, und die umliegenden Gassen gefielen mir besonders.

Ein runder Häuserring bestimmt das Äußere des Platzes. Die Struktur ähnelt einem Kranzkuchen, dessen innere Wand geöffnet ist. In ihrem Inneren befinden sich 26 kleine Markthallen, oder, besser gesagt, kleine Lädchen. Früher konnte man hier Fisch kaufen. Jetzt gibt es mehrere Tapas-Bars und Geschäfte, in denen ich Souvenirs erwerben kann.

Es war vor allem der Standort für Handarbeiten aus der Region.

Sticken, nähen, klöppeln… Stickbilder! Spitzen aller Art. Nur mit Mühe konnte ich mein Kaufinteresse bremsen.

Mich beeindruckt die Information, dass hier täglich eine andere Handarbeitstechnik im Mittelpunkt steht; sie wird erklärt, gezeigt und vorgeführt.

Wohnte ich hier, wäre ich häufig zu Gast.

Am Nachmittag kehrten wir noch einmal zurück.

In unserer Reisegruppe gab es ein „Geburtstagskind". Wir wollten ein Spaßgeschenk kaufen.

Nach nur wenigen Augenblicken erwarben wir Männersocken mit eingewebten, peppigen rot-goldfarbenen Apfelsinen, die noch an auffallend grünen Zweigen mit Blättern hingen. Solcherart Socken sind im normalen Alltag nicht zu tragen. Aber unseren Zweck erfüllten sie, eine Erinnerung zu sein.

Gleich neben dem runden Platz und neben dem schmalsten Haus der Stadt (107 Zentimeter!) auf der P.Lope de Vega fand ich erneut etwas Besonderes.

Mehrere Häuser waren mit Metalldraht, einem Metallzaun, verfestigt, der aus Längs- und Querdrähten quadratisch gefertigt war. Irgendwer hatte sie als Stickvorlage für Kreuzstiche, eine Handarbeitskunst, verwendet. Ich fotografierte einen Rosenteppich und ein gesticktes Bild, auf dem mehrere Mandarinenbäumchen zu sehen sind, die scheinbar zu beiden Seiten des Eingangs eines Geschäfts stehen. Die originellen Kunstwerke reichen bis in den ersten Stock.

Auf Schritt und Tritt stößt man auf vielfältigste Akzente der moderneren Geschichte.
Vor der Kathedrale entdecken wir eine unscheinbare gelbe Muschel, die den Beginn des Jakobsweges von Barcelona aus kennzeichnet.

Diese Muschel weist Pilgern den Weg. Im Mittelalter war es sozusagen Christenpflicht, nach Santiago de Campostela zu pilgern, und gerade in Spanien gibt es ein mäanderförmiges Netz von Wegen. Heute kennt jeder Besucher der Stadt mindestens einen Menschen, dem die Jakobsmuschel den Weg wies.

Die Kathedrale, die im 13.Jahrhundert aus Ziegelsteinen errichtet wurde, steht breit und mächtig auf den Grundmauern einer Moschee. Mir gefällt sowohl das Äußere des schlanken, hohen Glockenturms (Torre de Miguelete) als auch seine frühere Funktion. Die ehemalige Wasserglocke regelte mit ihrem Schlagen die Bewässerung der Region.

Auf der Plaza de la Virgen, hinter der Kirche, hörten wir von einer Besonderheit der Stadt, die uns beeindruckte.

Immer donnerstags um 12.00 Uhr tagt das sogenannte Wassergericht, ein Gericht, das einmalig ist. Acht Herren in schwarzer Kleidung sprechen über Streitigkeiten, die mit der Bewässerung der Huerta zu tun haben. Acht Kanäle fließen durch eine der fruchtbarsten Landschaften Spaniens. Seit 1.000 Jahren werden Probleme auf diese Weise geschlichtet.
Und sie tagen noch immer, jede Woche am gleichen Platz!

Als Tourist muss man „hart arbeiten", wenn man innerhalb eines Tages einen Eindruck von der besuchten Stadt gewinnen möchte.
Deshalb freuen wir uns über den geplanten Besuch in einer Horcheria. Es handelt sich hier um eine Erfrischungshalle, in der Horchata, ein süßes, milchartiges Getränk angeboten wird, das aus Erdmandeln hergestellt wird. Keiner unserer kleinen Gruppe wusste mit Sicherheit, was Erdmandeln sind. Sie schmecken jedenfalls wie Erdnüsse. Und nach der Recherche im Internet bestätigte sich das. Dazu wurden uns kleine Keks- und Brotstangen gereicht.

Das Ambiente des Restaurants wirkte blitzsauber. Weiße Fliesen zierten die Wände und den Boden, eigentlich den gesamten Schankraum. Dazwischen waren bunt bemalte und glasierte Kachelbilder am Tresen, an den Säulen, an den Treppenstufen.
Weiß gekleidet war auch das Personal.
Alle Gäste der Reisegruppe fotografierten.
Ich war nicht als einzige Besucherin begeistert von dieser Horcheria, die uns als eine der schönsten und größten vorgestellt wurde.

Aber mir fiel auf, dass außer uns keine weiteren Gäste zugegen waren.

Nach der Erdmandel-Pause waren wir auf die berühmte Lonja (Seidenbörse) gespannt.

Valencia zählte im 15.Jahrhundert 70 000 Einwohner und war damit die größte Handelsstadt des Landes. Folglich entstand hier in der Stadt auch die zentrale Börse.

1498 war das Gebäude als Rohstoff- und Seidenbörse eröffnet worden und war bis 1996 ein aktiver Handelsplatz. Das Gebäude der Börse war zu Beginn des 19.Jahrhunderts Hauptquartier Napoleons und während des spanischen Bürgerkrieges Sitz des spanischen Parlaments.
Die Börse erhielt den Eintrag als Weltkulturerbe der UNESCO. Die ehemalige Warenbörse ist in der Gegenwart Ort für verschiedenste Kulturevents.

Mich fesselte das Innere der Lonja.

Im ehemaligen Börsensaal tragen 24 spiralförmige Säulen, die Palmenwedeln gleichen, ein spätgotisches Deckengewölbe. Schmale Fenster mit buntem Glas und reiche Dekore über den Fenstern und Türen ließen mich immer wieder staunen. Vor allem dort, wo die Sonne von außen in die Säulenhalle scheint, stehe ich bewundernd vor der Farbenpracht.

Aber die Zeit hinterlässt Spuren, die Farben fehlen an den Wänden, den Säulen und im Deckengewölbe. Ich stehe still, schaue hinauf und stelle mir vor, wie erhaben an einer Kobalt farbigen Decke goldene Sterne im 15.Jahrhundert erstrahlten.

Im Innenhof zwischen dem Gebäude der Börse und dem Gebäude des örtlichen Handelsgerichts ist es schattig und etwas kühler. Wir stehen inmitten eines gepflegten Orangengartens.

Auch der zweite Bau begeistert mich von außen, weil große Wasserspeier vom Dach herunterragen und aufgrund seiner wunderschönen Kassettendecken im Inneren. Holz, dunkelbraun, geschnitzt, verziert und stellenweise vergoldet. Ich laufe, ohne auf meinen Weg zu sehen, mit dem Kopf im Nacken durch den Saal.

Selbst der Fußboden, ein braun-beige-schwarzes Mosaikmuster aus Marmor, ist kostbar. Und dann ruht mein Blick auf den geschnitzten, schweren Holztüren.

Der ehemalige Sitz des Marinetribunals war außerordentlich kostspielig gebaut worden.

Während wir weiterlaufen und in Gedanken noch beim Prachtbau der Lonja sind, stehen wir unvermittelt vor einem Haus mit einem dunkelbraunen geschlossenen Eingang. "Refugio" war in großen, weißen Buchstaben geschrieben. Ein Kontrast besonderer Art. Wir stehen vor einem Luftschutzkeller, in dem während des spanischen Bürgerkrieges 400-800 Menschen Schutz suchen konnten. Bei einem Bummel durch eine uns fremde Stadt müssen wir immer damit rechnen, historische Sprünge zu machen. Der nächste Kontrast folgte unmittelbar.

Ich sehe mir gern Markthallen an. In Breslau und Budapest war ich mehrmals in einer solchen. Deshalb laufen wir auch in Valencia zum Zentralmarkt.
Der Fischmarkt, wichtiger Teil des Markttreibens, ist montags nicht geöffnet. Heute ist Montag.

An 350-400 Ständen werden appetitlich dekorierte Lebensmittel angeboten. Auch Fisch! Auf 8 000 Quadratmetern locken die köstlichen Angebote. Wir spüren nicht, dass ein wichtiger Teil des Marktes geschlossen ist. Folglich wäre hier noch mehr Trubel als heute.

Obst und Gemüse stammen aus der Region, der Huerta. Dieses Gebiet bezeichnen die Einwohner selbst als Obst- und Gemüsegarten. Die Produkte benötigen die kürzeste Zeit zwischen Ernte und dem Verkauf und sind deshalb immer frisch.

Ich muss gestehen, dass mich noch mehr als die Verkaufsangebote der eigentliche Bau fasziniert hat. Der Zentralmarkt ist größer, heller und schöner als die anderen, die ich schon sah. Er ist im Jugendstil gebaut und existiert seit 1928. Gusseisen, das mich an meine heimatliche, geerbte Nähmaschine erinnert, Glasfronten und Glasdächer, durch die die Sonne den riesigen Verkaufssaal erhellt und immer wieder Azulejos (weiße Kacheln mit bunten Mustern) außen und innen, das sind die bestimmenden Merkmale. Selbst die Glasdächer bestehen aus Mosaiken farbigen Glases.

Beim Queren der ersten größeren Straße erleben wir, dass Valencia eine Fahrradstadt ist. Räder, einfache Stadtroller, Elektroroller, so viele gibt es zu Hause noch nicht. Hier in der Ebene, der Huerta von Valencia, kommt man mit zwei Rädern gut voran. Erst weit entfernt, am Horizont, meint man, eine Hügelkette zu sehen.

In meinem Kopf schwirren Zahlen und Fakten. Deshalb wollen wir unseren Rundgang in Valencia mit einem wiederholten Gang über das grüne Band beenden.

Während der Rückkehr zum Schiff unterhielten wir uns darüber, was wir alles aus Zeitgründen nicht sehen konnten. Die Liste ist lang.

III. MINIKREUZFAHRTEN

MINIKREUZFAHRT IN DEN NORDEN ENGLANDS NEWCASTLE

Weshalb nur habe ich mich entschlossen, diese Minikreuzfahrt zum zweiten Mal zu begleiten?

Meine erste Fahrt nach Newcastle verlief nicht ohne Stolpersteine.

Das begann schon mit der langen Busanfahrt nach Ijmuiden, einem der Häfen von Amsterdam. Nachts, 2.30 Uhr, zur Abfahrt, waren die Gäste noch müde, und am frühen Abend nach etwa 850 Kilometern und 14 Stunden waren sie erneut müde und erschöpft. In einem solchen Fall sollte das Einchecken auf dem Schiff reibungslos erfolgen.

In der Realität ist das oft anders.

Die Gäste waren so unruhig, dass sie meiner Aufforderung, im Bus zu warten, nicht nachkamen. Der Fahrer unterstützte das, indem er ihnen die Koffer reichte. Sie liefen also ohne Informationen über weitere Zeiten und Treffpunkte los.

In den Doppelkabinen auf diesen Fähren sind die Betten übereinander; das hatten gleich mehrere Gäste überlesen. Sie liefen nun bei mir „Sturm". Aber wenn es in einer Doppelkabine keine zwei Betten unten gibt, sie einfach nicht existieren, dann kann man sie auch nicht nutzen, auch wenn die Gäste noch so auf mich einreden.

Das Abendessen an Bord musste zusätzlich gebucht werden. Entweder der Aufpreis von 49,- Euro für die beiden Buffets war zu teuer oder die Gäste hatten vergessen, extra zu buchen. Jedenfalls stellten sie nunmehr fest, dass sie sich selbst kümmern mussten.

Es gab also Irritationen.

Meist nenne ich den Gästen meine Kabinennummer. So auch diesmal. Gleich mehrere Reisende kamen nach dem Abendbrot mit der Schlüsselkarte nicht in ihre Kabinen. Die codierten Kabinenschlüssel waren entladen, sie gaben den erlösenden Piepton nicht mehr von sich. Kein Problem, ich ging mit den jeweiligen Gästen zur Rezeption.

Endlich war dieser lange Tag zu Ende. Ich würde nur noch duschen und dann ganz schnell ins Bett gehen. Von der Live Band und dem Casino wollte ich an diesem Abend nichts mehr wissen. Nur schlafen.

Im ersten Tiefschlaf befand ich mich, als ich kurz vor Mitternacht von einer aufgeregten Dame geweckt wurde, deren Kabinenschlüssel nicht mehr funktionierte. Notdürftig kleidete ich mich an. Einen Nachtdienst an der Rezeption gibt es scheinbar nicht, jedenfalls fanden wir keinen. Ich hatte die Möglichkeit, ihr mein Bett oder den Zweisitzer in meiner Kabine anzubieten oder solange zu suchen, bis wir irgendjemanden vom Personal finden würden.

Es dauerte eine gefühlte Ewigkeit, bis wir im hinteren Küchenbereich jemand auf uns aufmerksam machen konnten, der dann einen Verantwortlichen herbei rief.

Danach aber schaukelte ich England entgegen.

Die Überfahrt war stürmisch. Glücklicherweise macht es mir wenig aus.

Am Morgen wurden die nächtlichen Erlebnisse und Empfindungen diskutiert. Das wohl größte Problem hatten die Gäste, die in den Kabinen nicht im oberen Bett schlafen wollten oder konnten. Sie erzählten anschaulich, wie sie versucht hatten, auf dem Zweisitzer zu nächtigen, wie sie sozusagen die Beine auf dem in der Kabine befindlichen Hocker geparkt hatten.

Währenddessen war ich schon wieder beim nächsten Problem.

England liegt in einer anderen Zeitzone, d.h. die Uhr müsste eine Stunde zurückgestellt werden. In meinen Unterlagen für die Reise gab es zwar Zeiten, aber ohne Angabe der Zeitzonen. Bisher war es immer so, dass sich die Reisenden der ortsüblichen Zeit angepasst haben. Bei der Berechnung der Besichtigungs- und Aufenthaltsdauer kamen mir aber Zweifel. Schließlich mussten wir ja am Ende des Ausfluges das Schiff pünktlich erreichen. Ich machte meine Umgebung regelrecht verrückt, rief sogar in England an.

Dann aber hatte ich verstanden: Als die Fähre 10.15 im Hafen anlegte, herrschte auf dem Schiff Mitteleuropäische Zeit, an Land war es erst 9.15 Uhr.

Wir hatten also genügend Zeit.

Die veränderte Zeitangabe hatte mir Probleme gemacht, weil bei einer Reise von Italien nach Griechenland sofort auf dem Schiff die griechische Zeit gilt.

Der Hafen, in welchem die Fähre anlegte, ist mir überhaupt nicht in Erinnerung geblieben. Ich weiß nicht einmal, ob der Hafen von Newcastle direkt an der Nordsee ist oder schon im Mündungsbereich des Flusses Tyne.

Wir besuchen eine Doppelstadt, die durch den Fluss Tyne getrennt, aber in den Jahrhunderten zusammengewachsen ist. Auf der einen Seite des Flusses heißt sie Newcastle und auf der anderen Seite breitete sich der Ort Gateshead aus, eine Industrie- und Bergarbeiterstadt.

Unser erstes Ziel ist das Denkmal „Angel of the North", das an die industrielle Entwicklung, an den Bergbau, erinnern soll. Sie befindet sich etwas außerhalb der Stadt.

Schon von weitem sieht man die hohe rotbraune Stahlskulptur auf einem Hügel stehen. Mit riesigen ausgebreiteten Flügeln steht die Statue fest verankert auf einem Fundament aus 165 Tonnen Beton. Alles an der Figur ist überdimensional: die Höhe des Denkmals (20 Meter), die Spannweite der Flügel (54 Meter) und auch die Kosten (über eine Million Pfund).

Der Bau der Statue dauerte etwa vier Jahre, beginnend 1994; der Name des Architekten ist Anthony Gormley.

Es war genügend Zeit, den Engel von allen Seiten zu betrachten. Schön war er nicht, steif stand er aufrecht, skelettartig, die Figur durch Stahlstreben nur angedeutet, ohne Gesichtszüge. Die Flügel leuchteten wie rostbraun lackiertes Sperrholz, schienen zerbrechlich, waren aber ebenfalls aus Stahl.
Ich lief ein Stück den Berghang abwärts, um die Skulptur als Ganzes auf mich wirken zu lassen. Die ausgebreiteten Engelsflügel sind ein ganz klein wenig (3,5 Grad) angewin-

kelt. Damit soll eine Umarmung durch den Engel angedeutet werden. Das konnte ich so nicht nachempfinden. Möglicherweise stand ich noch zu nah an der Engelsfigur.

Ich ging also weiter und entdeckte dabei einen Platz besonderer Art. Zwischen Sträuchern und zum Teil hohem Gras hatten Menschen Erinnerungsstücke abgelegt, die höchstwahrscheinlich an verstorbene Kinder erinnerten: Püppchen, Nuckel, Trinkflaschen, viele Fotos und beschriebene Karten. Wahrscheinlich soll der Engel die Verstorbenen beschützen. Diese Szenerie hat mich mehr berührt als die Figur selbst.

Auf dem Weg in die Stadt versuchte ich, ein Stück des Hadrian-Walls zu sehen. Auf Anordnung des römischen Kaisers Hadrian, der selbst die Grenzen der Provinzen bereiste, wurde nahe der schottischen Grenze eine Grenzbefestigungsanlage gebaut, die am Beginn des 2. Jh. über 100 Kilometer lang war. Das war gleichzeitig auch die nördlichste Grenze des römischen Imperiums.

Im östlichen Teil Englands, nahe der schottischen Grenze, wo wir fuhren, bestand sie aus Steinmauern und im westlichen Teil des Landes aus einfachen Erdwällen. Der Grenzwall verlief über Hügel und Hochflächen. Auf dem Weg nach Newcastle bildete ich mir ein, wenigstens zweimal ein Stück dieser alten Befestigungsmauern zu sehen.

Zurück in der Stadt trafen wir uns mit der Stadtbilderklärerin, die uns geschickt mit dem Bus durch die Stadt lotste. Wir erlebten innerhalb einer Stunde eine moderne Stadt, die besonders durch den Fluss und seine imposanten Brücken geprägt wird.

In der anschließenden Freizeit verwirklichte jeder andere Pläne.

Der Wind wehte eisig durch die Straßen und das eine und andere Mal musste man den Schirm benutzen. Der März zeigte sich nicht von seiner besten Seite. Das Bummeln war also keineswegs eine Freude.

In der Freizeit laufe ich gern allein zu bestimmten Zielen. Häufig setze ich mich selbst unter Druck, mir etwas ansehen zu wollen, damit ich bei der nächsten Reise die gewonnenen Eindrücke verwenden und die Gäste auf bestimmte Dinge aufmerksam machen kann.

In Reisebussen meiner Veranstalter fahren meist ältere Gäste, auch viele Einzelreisende. Nun dient ein Ausflug, gleich wie lang er dauert, nicht vordergründig der Vermittlung von Bekanntschaften, aber immer wieder entstehen Freundschaften, Partnerschaften zwischen einzelnen Gästen oder ganzen Gruppen von Reisenden.

Es reisen auch Gäste mit mir, die mir überzeugend nahe bringen, dass es schön sei, wenn man die Beziehungen auch nach Ende der Reise pflegen könne. Leider habe ich einen Beruf, wo nicht viel Zeit bleibt, um allen Kontakten nachzugehen. Umso mehr halte ich an den wenigen fest.

Diesmal laufe ich allein los. Mein erster Weg führte zum Fluss Tyne, über den ich während der Stadtrundfahrt schon gefahren war. Sofort war ich von der Vielzahl und der Vielfalt der Brücken begeistert.

Genau an der Tyne Bridge traf ich auf den Fluss.

Über diese dunkelgrün gestrichene bogenförmige Metallbrücke lief der Verkehr.

Die Brücke erinnerte mich ein wenig an das „Blaue Wunder" in Dresden. Sie ist jedoch höher (194 Meter), sie ist

länger (fast 400 Meter) und breiter (vier Fahrbahnen). Insgesamt also wuchtiger, kompakter.
Lange Zeit war sie ein Wahrzeichen der beiden hier verbundenen Städte.

Dahinter westlicher und niedriger ist die rot-weiße Swing Bridge zu sehen. Sie ist schon etwas Besonderes. Wenn Schiffe den Fluss befahren wollen, wird die Brücke gedreht. Ansonsten können Autos und Fußgänger passieren, und das traditionell seit 1876.

Dieses sich mir bietende Brückenpanorama ist eindrucksvoll, denn hinter den beschriebenen beiden Brücken sehe ich mindestens zwei weitere. Die High Level Bridge, gebaut für den Zug- und Fußgängerverkehr, ist noch ziemlich deutlich zu erkennen, die andere nur schemenhaft.

Aber all die Brücken werden getoppt von der neuen Millennium Bridge links von meinem Standpunkt aus.
Von weitem sieht diese Brücke aus wie die obere Hälfte eines Ovale oder wie ein Regenbogen. Das Besondere an ihr ist aber, dass der Fußgängerweg kippbar ist. Es soll der erste Bau dieser Art sein. Der Bogen öffnet sich wie die Muschel einer Auster, die Straße bewegt sich nach unten.

Schnell entschlossen lief ich am Quay entlang , um mir diese filigrane Brücke etwas genauer anzusehen.
Leider konnte ich den Vorgang des Öffnens und Schließens nicht sehen, sondern nur Fußgänger, die die Brücke passierten. Newcastle und Gateshead sind also bestens miteinander verbunden.

Spätestens jetzt wusste ich, dass dieser Besuch nicht mein letzter sein sollte.
Aber heute war wettermäßig kein guter Tag. Es wehte ein eisiger Wind, und dazu regnete es immer wieder.

Deshalb suchte ich gedanklich nach Varianten im Trockenen.

Ich lief zurück, jetzt führte die Straße aufwärts zum Grey Monument, einem schlanken Aussichtsturm mitten in der Stadt. Auch dieses Monument ist ein Wahrzeichen der Stadt, das zu Ehren von Earl Grey (1838) gebaut wurde. Mir war der Name durch die Teemischungen bekannt, die den Namen des 2.Earl of Grey tragen. Mit dieser Aussichtsplattform ehrten die Erbauer jedoch den Vater dieses britischen Adligen, der seinerzeit Premierminister im Vereinigten Königreich war.
164 Stufen führen nach oben. Wenn ich oben angekommen bin, dann würde mir mit Sicherheit warm sein. So geplant. Als ich am Platz ankam, musste ich feststellen, dass die Plattform geschlossen war.

Chinatown? Im Vorbeifahren hatte ich die bunten Girlanden und Lampions über den Straßen gesehen und den buddhistischen Tempel. Aber zu weit.

Aber ganz in der Nähe und auch überdacht war der Grainger Markt, Wahrzeichen eines ganzen Stadtviertels. Richard Grainger war ein Bauunternehmer, der in der ersten Hälfte des 19. Jh. im Zentrum der Stadt die schönsten Gebäude bauen ließ.
Den Markt fand ich bei meinem Erkundungsgang auch. Über 100 kleine Geschäfte sollen die Käufer anlocken. Wenn geöffnet ist.
Aber nicht heute!

Aber immerhin lohnte es sich, durch die geschlossene Halle zu laufen.

Durch ein gewölbtes Dach aus Glas fiel Licht in die Halle auf die dunkelbraunen Holzverkleidungen von Türen und Auslagen, spiegelte sich in den Fensterscheiben der kleinen Läden.

Beeindruckend! Und ich hatte die Halle fast für mich allein.

Mittlerweile regnete es ununterbrochen. Ich entschloss mich, früher zum Bus zurück zu gehen. Der Fahrer hatte heißes Wasser, ich konnte Tee zubereiten, denn in kurzer Zeit waren wir komplett.

Unser Schiff, die DFDS Seaways, brachte uns sicher zurück nach Ijmuiden.

Bei der Einfahrt in den Hafen sah ich mir vom Schiff aus die neu entstandene Stadt an, die erst nach dem Bau des Nordseekanals am Ende des 19. Jh. entstand.

Imposanter war aber das Geschehen im Hafen selbst. Nach Rotterdam und Amsterdam ist dieser Hafen der größte der Niederlande. Technik ringsum, denn von hier aus werden die Bohrinseln in der Nordsee versorgt, hier befinden sich riesige Schleusenanlagen, ein Stahlwerk ist in Betrieb…

Vom Zentrum der Stadt Amsterdam sind wir 25 Kilometer entfernt.
Der Fahrer bringt uns pünktlich zur Grachtenfahrt. Etwa 10 Jahre war ich nicht in Amsterdam. Ich freute mich also, Altes wieder zu sehen und Neues zu entdecken.
Aber…

Es regnete auch hier.
Wir wurden erwartet. Die Gäste hatten bereits im Vorfeld der Reise die Grachtenfahrt mit bezahlt. Es hatte also keinen Zweck, darüber zu diskutieren, ob es sich lohnt.
Die Besatzung des Schiffes hatte die Regenverkleidung, große Plastiknbahnen, bereits herunter gelassen. Dadurch konnte man nichts erkennen; es blieben nur die schmalen Schlitze zwischen den Bahnen… Über Lautsprecher erfuhren wir, was draußen zu sehen sei.
Es war ungemütlich und kalt. Ich glaube, nicht nur ich war froh, als die Fahrt langsam zu Ende ging. Das Programm war absolviert.
Die Heimfahrt konnte beginnen.
Regen und Sturm begleiteten uns, altes Laub und abgeknickte Äste wurden über die Straße geweht. Wir spürten förmlich, wie der Wind gegen den Bus drückte, und ich sah, wie fest der Fahrer das Lenkrad fasste.

Fast pünktlich kamen wir auf dem Parkplatz zu Hause an. Immer wieder erinnern wir unsere Gäste vor dem Ausstieg daran, zu warten, bis der Fahrer Taschen und Koffer aus dem Kofferraum geholt und auf dem Platz davor gestellt abgestellt hat. Und dann erfolgt auch zum wiederholten Male der Hinweis darauf, den eigenen Koffer mitzunehmen.

Es ist kaum vorstellbar, welche Eile unsere Gäste auf einmal haben. Sie reißen dem Fahrer regelrecht die Koffer aus der Hand, zerren selbst ihre Koffer aus dem Gepäckfach, lassen dem Fahrer keine Möglichkeit, das Gepäck abzustellen…Dann waren alle Gäste weg.

So auch heute. Der Fahrer und ich stehen noch im Bus, als wir entdeckten, dass ein einsamer, neongrüner Schalenkoffer mitten auf dem Platz stand. Ich erinnerte mich daran, dass ein alter Herr mit diesem Koffer reiste und ich ihm ein Taxi bestellt hatte. Was nun? Erneut rief ich die Taxizentrale an und bat darum, alle von uns bestellten Taxen zu kontaktieren und die Gäste ihr Gepäck kontrollieren zu lassen. Glücklicherweise waren es an diesem Tag nicht viele. Es stellte sich also schnell heraus, welches Taxi umkehren musste. Die Worte des Gastes bei der Abholung des Neongrünen: „Bei Beginn der Reise hat der Taxifahrer doch auch den Koffer zum Bus geschleppt. Ich habe gedacht, der (jetzige) macht das auch."

Nach dieser Reise verstärkte sich der Wunsch, alles noch einmal, bei besserem Wetter, zu sehen.

Es passte! Auf meinem Einsatzplan als Reiseleiter stand im März 2020 erneut die Minikreuzfahrt nach England.

Und dann kam das Virus Corona.

Und alles wurde anders.

MINIKREUZFAHRTEN NACH MALMÖ UND KOPENHAGEN

Ich kann es nicht fassen!
Eine Traueranzeige mit meinem Namen!

Aber der Reihe nach: Ich schalte den Computer an, um mit den Vorbereitungen für eine dreitägige Reise nach Schweden und Dänemark zu beginnen.
Noch einmal rufe ich meinen Namen auf, um eventuelle Bewertungen der bisher von mir erschienenen Bücher zu lesen.
Die Cover meiner Bücher sind zu sehen. Aber was lese ich da? Ich sei tot?
Noch einmal: Ich rufe meine Bücher auf und mittendrin erblickte ich das Foto einer mir völlig unbekannten Frau mit der Nachricht von ihrem Tod und den Traueranzeigen.
Ja, wir haben den gleichen Namen.
Ja, wir leben/lebten beide in Dresden.
Es ist schon komisch, meine Buchtitel zwischen den Traueranzeigen zu sehen. Nein, "komisch" ist nicht der richtige Ausdruck! Ich bin schockiert.
Internet macht's möglich!

Auch nach Monaten steht mein Tod als Information im Netz.
Glücklicherweise sind wir beiden Frauen uns äußerlich nicht ähnlich, so dass wenigstens die Menschen, die mich persönlich kennen, meiner Familie keine Trauerkarten schicken.
Trotzdem beschäftigt mich diese Anzeige mehr, als ich beim ersten Lesen dachte.

Nun sollte ich mich aber auf die bevorstehende Reise konzentrieren.

Wie oft war ich schon die kurzen Strecken mit den verschiedensten Fährschiffen von Deutschland nach Göteborg, Trelleborg, Kopenhagen, Oslo oder zur Insel Bornholm gefahren? Ich kann es in Zahlen nicht angeben. -
Häufig!
Bei den Vorbereitungen auf die jeweils neue Reise erinnere ich mich dann an verschiedene Begebenheiten.

Schon einmal erlebte ich in der Vorweihnachtszeit eine „Minikreuzfahrt nach dem Norden".
Ich erinnere mich: Neblig und trüb, ja sogar Nieselregen.
So begann unsere Vorweihnachtsreise, die „Minikreuzfahrt nach Norden".

Aus Sachsen kommend fuhren wir direkt nach Travemünde. Ein früher Abendspaziergang am Strand sollte uns auf die bevorstehende Zeit einstimmen. Am alten Leuchtturm beginnend bummelten die meisten Reisenden entlang der Trave, deren Uferzone schon festlich beleuchtet war. Wir sind geschmückte Tannen und Fichten gewohnt, hier sind es die Platanen, die ein leuchtendes Kleid bekommen haben.
Mit einem Glühwein gestärkt und voller Erwartungen meldeten wir uns zum festgelegten Zeitpunkt im „Check-in".
Die Gäste waren informiert, dass für diese ganz bestimmte Reise eine Ersatzfähre genutzt werden musste. Es war die kleinste der TT-Linie, auf der wir reisen sollten, die „Robin Hood". Klein aber fein, dachte ich.
Wir stellten den Bus in die uns genannte Verladespur und warteten. Wir warteten über eine Stunde. An uns fuhren

die großen Laster Richtung Fähre vorbei, viele. Nach weiteren 20 Minuten wurde ich unruhig. Sogar die Zeit für das Abendbrot, das wir auf der Fähre erhalten sollten, war schon überschritten. Ich hatte das Gefühl, etwas unternehmen zu müssen. Obwohl der Fahrer zur Geduld mahnte, stieg ich aus und kehrte dorthin zurück, wo ich meine Unterlagen erhalten hatte. Das Büro hatte schon längst geschlossen. Die Angestellte sah mich zuerst verwundert an, schaute im Computer nach und verwies mich an den nächsten Angestellten, der ebenfalls im Computer nachsah. Letztendlich schickte man mich zum Bus zurück. Es sei alles in Ordnung. Aber es war nicht an dem. Gefühlte fünf Minuten später kam eine weitere Mitarbeiterin, diesmal geeilt, und teilte uns mit, dass wir nun losfahren könnten. Als wir zur Fähre kamen, hatte dort das Beladen noch nicht einmal begonnen. Unser Bus war das allererste Fahrzeug, das über die Rampe fuhr.

War es nun Zufall, dass wir jetzt vorgelassen wurden oder hatte man vergessen, dass wir Abendbrot auf dem Schiff erhalten sollten? Jedenfalls war ich froh, noch einmal vorstellig gewesen zu sein.

Am Morgen war es genau umgekehrt. Zeitig nahmen wir das Frühstück ein. Nach dem Anlegen und einer Stunde Wartezeit, alle LKW und PKW waren entladen worden, waren wir diesmal die letzten, die vom Schiff fuhren.

Am Ende der Kurzreise, wir waren nur zwei Nächte auf Fähren, kritisierte ein Gast nicht etwa die Praktiken beim Beladen oder
irgendetwas anderes, sondern er stellte kritisch fest: „Ich hatte gar keinen Fernseher in der Kabine." Ich habe ihn sicherlich ziemlich irritiert angeschaut. Bei etwa 100 Überfahrten, nicht Kreuzfahrten, hatte ich in meiner Kabine nie

einen. Ich wollte es zuerst nicht glauben, der Gast meinte es jedoch ernst mit seiner Kritik.

Die meisten Reiseveranstalter bieten zusammen mit der Überfahrt auch das Essen an, das „Skandinavische Buffet". In den 90er Jahren war es sehr, sehr reichlich und abwechslungsreich. Die Gäste konnten mehrfach zum Buffet gehen, um alle die schönen Dinge auszuprobieren, die selten oder gar nicht auf den heimatlichen Tischen angeboten wurden. Während der folgenden Reisetage und sicherlich auch später zu Hause schwärmten sie von dem überreichen Angebot und benannten die Zahl der Gänge zum Buffet.

Auf unserem kleinen „Comfort-Schiff" gab es zwar ein Buffet, aber nur zwei Hauptspeisen, die gereicht wurden. Es sollte drei Freigetränke geben, aber in der Realität waren es drei Bons, die jeweils einem Wert von 2,50 Euro entsprachen. Für einen Bon konnte man nicht einmal ein Glas Bier erhalten, es musste zugezahlt werden. Im Gegensatz dazu wurde aber kein Geld wiedergegeben. Das ist das einzige Schiff, mit dessen Service ich persönlich unzufrieden war.

Selten erlebte ich starken Wellengang, Sturm nie. Nur ein einziges Mal wurden die Fahrzeuge am Boden der Fähre verankert. Das passierte aber bei einer privaten Reise während einer Überfahrt nach Dänemark.

Sowohl in Malmö als auch in Kopenhagen war ich seit Beginn meiner Reisetätigkeit mehrmals, aber immer nur für kurze Zeit, wenige Stunden also.

Unsere vorweihnachtliche Stadtrundfahrt in Malmö konnte nicht das wiedergeben, was mich persönlich so an der Stadt begeistert: die Atmosphäre in der Fußgängerzone gleich hinter dem Stortorg, der „Betrieb" unter den Wärmelampen der Restaurants, die Gemütlichkeit, wenn man in Decken eingehüllt den Kaffee trinkt oder die heiße Schokolade, einer unter vielen. Das alles kann man nur fühlen, wenn man selbst Teil dieser Menschen ist, eben ein „Malmöer auf Zeit".

Am Abend würden wir zurückkommen nach Malmö, um im „Radisson" zu essen, auch das war eine Umbuchung. Obwohl schon lange Zeit vergangen ist, erinnere ich mich, schon einmal in diesem Hotel übernachtet zu haben.
Wir kamen damals aus Norwegen zurück und es wurde ebenfalls eine Veränderung der Unterkunft vorgenommen. Wir freuten uns sehr, dass wir in einem so vornehmen Hotel übernachten sollten. Es folgte die Ernüchterung. Zum Abendessen gab es Nudeln mit Tomatensoße und Shrimps, nichts davor und nichts danach. Viele Reisende schoben die Shrimps zur Seite, weil es ungewohnt war, sie in dieser Kombination zu essen. Beim Frühstück wurde es für mich noch unangenehmer. Auf dem Buffet stand ein Schild: „Nur zwei Brötchen bitte." Ob das Wort „bitte" dabei stand, weiß ich nicht mehr genau. Je nach Temperament grummelten meine Gäste oder schimpften laut. Mein Auftreten beim Restaurantleiter ergab etwa folgendes: Wenn man das zur Verfügung stehende Geld für die Übernachtung ausgibt, dann ist eben nicht mehr für das Essen da. – Aber die Gäste konnten ja nicht dafür, dass es kurzfristig eine Veränderung gab.
Und nun sollte ich erneut ein Abendbrot im eleganten Hotelrestaurant erhalten. Während der Rundfahrt saß ich im Bus hinten. Ich hörte die örtliche Reiseleitung und den Busfahrer darüber sprechen, wo der Bus am Abend, während wir essen, parken sollte. Am Abend passierte es, ich

hatte nicht kontrolliert und folglich nicht gemerkt, dass unser Essen nicht im komfortablen „Radisson" stattfand, sondern in einem „Radisson Park Inn-Hotel". Die Gäste waren hungrig. Noch bevor ich dem letzten Gast aus dem Bus geholfen hatte, stürzten sie los, warteten aber höflich vor dem Eingang, bis ich angekommen war. Als ich das Foyer betrat, ahnte ich schon etwas. Die Gäste hier sahen festlich aus, so beispielsweise die Damen mit Pelz und Absatzschuhen, die Herren in Anzügen. Die Dame an der Rezeption schaute auch ziemlich pikiert auf meine Kleidung, den Anorak mit dem Firmenlogo, Jeans und praktisches Schuhwerk. Ziemlich von oben herab verneinte sie meine Frage nach den Restaurantplätzen und kennzeichnete mir auf einem Stadtplan die Stelle des richtigen Restaurants. Ich musste also die Gäste bitten, hungrig wieder zum Bus zurück zu gehen und noch einmal eine kurze Busfahrt in Kauf zu nehmen. Ich entschuldigte mich für meinen Fehler, die Gäste haben es mich nicht spüren lassen, dass ich an dieser Stelle gepatzt habe.
Ich will nie mehr ins Radisson in Malmö!

In dieser Vorweihnachtsreise war ein mehrstündiger Besuch des „Tivoli" im Programm inbegriffen.

Im vergangenen Jahr war ich, ebenfalls in der Vorweihnachtszeit, im Vergnügungspark „Liseberg" in Göteborg. Ich war gespannt auf das Ergebnis eines ganz persönlichen Vergleiches.
Man spricht von 100 000 Lampen, die den Tivoli-Park erhellen sollen. Da weit und breit kein Fünkchen Schnee vorhanden war, wich man auf Glitzersteine und Kunstschnee aus. Mich beeindruckten besonders ein Wasserfall aus Licht und ein großer Baum, an dem viele leuchtend rote Herzen hingen. Es gab auch Bäume mit Laternen und

Geschenkpaketen, aber die Herzen wiederholten sich im Schmuck der kleinen Läden und im Kaufangebot.

Ich hörte, dass rote Herzen ein traditionelles Schmuckwerk in Skandinavien sind. Deshalb bringe ich immer, wenn ich hierher komme, auch ein Herz aus den unterschiedlichsten Materialien mit. Zu Hause haben wir uns dieser Tradition angeschlossen, d.h. es gibt im Garten einen mit Herzen geschmückten Baum.

Ich trank einen Punsch und dann noch eine heiße Schokolade und bummelte durch den Park. Die Fahrgeschäfte waren laut, waren attraktiv für junge Leute, waren fantastisch anzuschauen, aber meine Gäste verließen nach einem Rundgang den Vergnügungspark und bummelten lieber ein Stück in den verschiedenen Einkaufsstraßen. Es war ja auch erst Nachmittag, das eigentliche Fest der Lichter hatte noch nicht begonnen. Möglicherweise waren die Besucher noch auf dem Weg hierher oder aber der kalte Wind schreckte sie ab.

Bevor ich ein Vergleichsergebnis formuliere, möchte ich beide Vergnügungsparks im Sommer erleben, im Augenblick wäre es wohl nicht gerecht, einem der beiden den Vorzug zu geben.

Sächsische Gäste, die mit mir beide Kurzreisen unternahmen, meinten: „Hier isses ooch so scheen wie in Göteborg."

Nun war ich also erneut unterwegs mit den Gästen nach Norden.

Die Maschinen laufen bereits seit einer Stunde. 22.00 Uhr pünktlich verlässt die „Nils Holgersson" den Hafen von Travemünde und nimmt Kurs auf Trelleborg.

Das Wasser im Hafen glitzert im Schein einzelner Lichter an der Mole. Ganz langsam setzt sich das Schiff in Bewegung, man spürt es kaum.

Etwa zehn Minuten später gleitet unsere Fähre parallel zur Hafenstraße hinaus aufs offene Wasser.

Die Vorweihnachtszeit hat begonnen; die Stadt wirkt wie ein modernes Märchen. Die Giebel und Fenster sind weihnachtlich geschmückt.

Das Schiff fährt vorbei am alten Leuchtturm und am Hotel Maritim. Ein letzter beleuchteter Weihnachtsbaum, dann fahren wir entlang der Mole, an deren Ende noch einmal ein Baum ohne jeglichen Schmuck befestigt ist und uns eine gute Reise zu wünschen scheint.

Das Meer bleibt ruhig, die Überfahrt problemlos.

Morgens gegen 7.30 Uhr kam unser Fährschiff im Hafen von Trelleborg an.

Im Hafen.

Die Stadt Trelleborg habe ich noch niemals besucht. Ich hatte gelesen, dass sozusagen im südlichsten Zipfel Schwedens Palmen auf den Straßen zu sehen seien. Palmen, hier im Norden? Ich wunderte mich, dachte aber nicht weiter darüber nach.

Jetzt las ich, dass die Stadtverwaltung Blumenkübel mit Palmen auf den Gehwegen aufstellen lässt, um die südliche Lage der Stadt zu unterstreichen. Also, auch in Schweden wachsen im Freien keine Palmen.

Etwa 30 Kilometer waren zu unserem ersten Programmpunkt zu fahren:

MALMÖ

Meine Erstbegegnung mit der drittgrößten Stadt Schwedens ist schon lange, lange her. Auf der Rückfahrt, aus dem Norden kommend, näherten wir uns damals der Stadt. Nichts wies darauf hin, dass eine größere Stadt vor uns lag: keine Hochhäuser, keine Essen.

Ich wusste, dass anlässlich der Jahrtausendwende ein besonderes Gebäude, ein Wohnturm, gebaut werden sollte. Wir sahen nichts dergleichen.

Von diesem ersten Aufenthalt, der ja nur für die Dauer der Übernachtung gebucht war, habe ich wenig in Erinnerung. Da sind zum einen die Kanäle, die die Altstadt umgeben, und die beiden zentralen Märkte im Zentrum, der Stortorget (Großer Markt) und der Lilla Torg, der kleine Markt. Wir nächtigten in einem vornehmen, ehemals herrschaftlichen Hotel am Markt, dessen beste Zeit wohl vorbei war. Das Abendessen durften wir in einem Saal des sich gegenüber befindlichen Rathauses einnehmen.

Das im Stil der holländischen Renaissance erbaute Rathaus konnte ich erst nach dem Essen und dem organisatorischen Teil meiner Arbeit in Ruhe betrachten. Der beste Platz dafür war in der Mitte des Platzes, dort, wo das Reiterstandbild eines schwedischen Königs stand. König Karl X. Gustav hat für die Region Schonen (Skane) historische Bedeutung. Er vereinte im 17. Jahrhundert den südlichen Teil des Landes mit Schweden. Der Platz war groß, ruhig und fast leer.

Auf meinem kurzen Weg zum Hotel sah ich gleich neben diesem einen wesentlich kleineren Platz, den Lilla Torg. Dieser war belebt. Unter Wärmestrahlern saßen die Gäste vor kleinen Restaurants. Alle Plätze waren besetzt. Auf den Rücklehnen ihrer Stühle lagen Decken, wenn es abends kühler wird. Hier gab es keine Hektik, hier war es gemütlich, hier saßen die Gäste bis spät in die Nacht. Ich schaute mich um. Sollte ich mich an einen der Tische zu fremden Leuten setzen? Es war mir unangenehm, deshalb schlenderte ich nur über den Platz.

Die den Platz umgebenden Fachwerkhäuser unterstützten den Eindruck von etwas Besonderem. In Dänemark sagt man „hüggelig", das ist eine Form der Gemütlichkeit.

Am nächsten Morgen lief ich noch einmal vor der Weiterfahrt schnell zu diesem Platz. Jetzt war der Platz leer, ich konnte mich ungehindert umsehen und entdeckte dabei sogar eine typisch nordische „Telefonzelle". Hier und auch in England werden sie als kostenlose Tauschbörsen für Bücher genutzt.

Aus meiner Sicht ist Malmö bei allen Besuchen das „Stiefkind". Es findet eine Stadtrundfahrt statt. Ich bin begeistert, wie sich die Stadt verändert, moderne Gebäude an ehemals freien Plätzen stehen. Es geht jedoch alles viel zu schnell. Beim Vorbeifahren habe ich nicht einmal Zeit, das moderne Malmö zu fotografieren.

Nur am Turning Torso, dem höchsten Gebäude Skandinaviens, steigen wir aus. Der spanische Architekt Calatrava schuf mit seinem Entwurf einen Wolkenkratzer der Superlative: 54 Stockwerke, bestehend aus neun Kuben (Würfeln), strecken sich 190 Meter in die Höhe, und jedes Geschoss ist zum darüber befindlichen Stockwerk verdreht, deshalb erhielt das Malmöer Wahrzeichen auch den Namen „Verdrehter Rumpf".

2005, als der Wohn- und Büroturm eingeweiht wurde, stand der Turm noch ziemlich einsam inmitten eines zu bauenden neuen Wohngebietes. Jetzt, 2019, befindet er sich mittendrin, und es ist nicht einfach, ihn in seiner ganzen Größe auf ein Bild zu bringen.

Zum Malmö-Programm gehört auch ein kurzer Aufenthalt „am Fuße" der Öresund-Brücke. Es ist ein beeindruckendes Bauwerk. Die Fahrbahn schwingt sich wie ein graues

Band über das Wasser, das sich in der Ferne verliert. Damals, Mitte der 90er, als die Brücke gebaut werden sollte, wurden in deutschen Zeitungen Kommentare veröffentlicht, die die Wirtschaftlichkeit dieser Länderverbindung anzweifelten.

Für uns Touristen ist das Überfahren der Brücke ein Highlight.

Trotzdem erscheint mir der Ticketpreis für einen PKW sehr hoch (44 Euro).

Wie bei ähnlichen Bauvorhaben in anderen Ländern streckt ein beauftragtes Konsortium das Geld für den Bau vor, z.B. beim Bau der Kafjord-Tunnel in Norwegen oder bei der Brücke von Rio in Griechenland. Die Benutzer zahlen, bis die Gelder wieder erwirtschaftet sind. So wird es auch hier gehandhabt. Eine Milliarde Euro müssen insgesamt erbracht werden. Eine große Summe, die seit der Eröffnung 2000 im Raum steht.

Gleich nach Verlassen dieses Aussichtspunktes werden wir über die Meerenge weiterfahren, die Straße Richtung Kopenhagen passieren.

Das ist aber nicht die schmalste Stelle. Diese befindet sich nördlich, und die Fährschiffe zwischen Helsingborg und Helsingör waren bis zur Eröffnung der Brücke auch die wichtigste Verbindung zwischen den beiden Seiten des Sunds, zwischen Dänemark und Schweden.

In den ersten zehn Jahren meiner Reiseleitertätigkeit war ich auch mit der Fähre nach Schweden übergesetzt worden.

Die neue Verbindung ist jedoch spektakulärer.

Warum reden wir eigentlich immer nur von der Öresund-Brücke, also nur von einer Brücke?

Als ich das erste Mal die „Brücke" passierte, erwartete ich wirklich nur eine mehr als drei Kilometer lange Brücke, die in der unteren Etage Eisenbahnen transportiert. Aber es ist ganz anders: Im Anschluss an die erste Brücke folgen ein vier Kilometer langer Tunnel (eine Weiterführung der Brücke hätte den Flugverkehr gestört), der an der tiefsten Stelle 23 Meter unter der Erde verläuft, und dann noch einmal eine vier Kilometer lange künstliche Insel.

Deshalb sollte man korrekterweise von der Öresund-Verbindung sprechen, die insgesamt 16 Kilometer beträgt.

Ich bin fasziniert!

Auf der linken Seite in Richtung Dänemark stehen 48 Windkraftwerke.

Sie liefern Strom für 60.000 Haushalte. Schon im Sommer, vom Kreuzfahrtschiff aus, hatte ich sie zu zählen versucht. Zusammen mit der Brücke beeindruckt diese Silhouette jeden Betrachter.

KOPENHAGEN

kenne ich besser als Malmö, weil meine Reiseaufträge mich schon mehrfach in diese wunderschöne Stadt führten.

Im Sommer ging unser Kreuzfahrtschiff außerhalb Kopenhagens (Langeline) vor Anker. Deshalb nutzten wir für unsere Entdeckungen den angebotenen Shuttleservice in die Stadt.

Statt sofort zu schlendern, zu promenieren und historische Gebäude zu betrachten, trafen wir uns mit einem dänischen Freund auf dem Hojbro-Plads (Hochbrückenplatz), einem der schönsten Plätze im Zentrum. Dort, beim Kaffee, wollten wir erste Eindrücke sammeln, Dänemark und seine Hauptstadt erspüren, „riechen, schmecken".

Nicht nur für die Bewohner der Hauptstadt ist das Fahrrad typisch als Fortbewegungsmittel. Auch unser Freund kam mit dem Rad zum Treffpunkt.
So viele Räder! Überall!
Es soll 35 000 Radfahrer in Kopenhagen geben. Unsere Stadtführerin bezeichnete Kopenhagen sogar als größte Fahrradstadt Europas.
Ich nehme jedoch an, dass ich in Amsterdam noch mehr Fahrräder gesehen habe.

Das Rad ist nicht nur Fortbewegungs-, sondern auch Transportmittel.
Viereckige Kästen aus unterschiedlichstem Material werden vor das Vorderrad montiert. Kinder werden auf diese Weise transportiert, vielfach gleich mehrere, aber auch größere Gepäckstücke oder auch, ich habe es mit eigenen Augen gesehen, die Partnerin, wenn sie hinein passt.

Ich wollte diese „Christiana Bikes" fotografieren, aber sie tauchten zu plötzlich im Verkehr auf. Ich brauchte viele Fotoversuche, bis ich einen vorbei radelnden Verkehrsteilnehmer fotografiert hatte.

Nach unserem Kaffeeplausch entschlossen wir uns, eine Sightseeing-Fahrt mit einem Schiff durch die Kanäle zu unternehmen.
Es war wie ein Traum!
Die Stadt hat sich in den letzten Jahren verändert, vergrößert, ist ins Meer hinaus gewachsen. Besonders im Hafenbereich sind neue, große Verwaltungsgebäude und Industriebauten entstanden.
Unser Bootsführer sprach italienisch und dänisch, zwei Sprachen, die wir nicht verstanden. Wir versuchten deshalb, anhand der Karte den Fahrtverlauf zu verfolgen. Kaum hatten wir eine der vielen Turmspitzen erkannt, wechselte das Boot die Richtung, wechselte in einen anderen Kanal.

Ich bestaunte die Wohnboote, die eng aneinander am Ufer verankert waren, in jedem Kanal.
Alte und ältere lagen neben solchen, denen man ansah, dass Geld keine Rolle spielte und solchen, in denen den Bewohnern das ganz besondere Leben in solchen „Schiffswohnungen" Bedürfnis war. Allesamt strahlten sie ein besonderes Lebensgefühl aus.
In den letzten Jahren wurden die Schiffe alle ans Strom- und Wassernetz angeschlossen. Der Andrang soll groß sein, und es sind keine freien Liegeplätze mehr vorhanden.

Kurze Zeit nur verharrt der Bootsführer vor dem in die Stadt hinein führenden Nyhavn.

Im 17. Jahrhundert wurde an dieser Stelle ein Stichkanal künstlich ausgehoben. Die Straßen zu beiden Seiten des Kanals sind mit ihren bunten Häuserfassaden echte Touristenmagnete.

(Vom Rathaus bis zur Bucht läuft man nicht einmal eine Stunde.)

Die Boulevards sind zu beiden Seiten mit durchgängigen Häuserzeilen bebaut, fest miteinander verbundene farbige Stadthäuser.

Hier bummeln viele Menschen. Wir hören davon, dass hier ehemals eine Art Reeperbahn gewesen sei, dass hier aber auch der Märchendichter H. C. Andersen zu Hause war.

Dass die eine Seite des Hafens ehemals die „sündige Meile" war, konnte ich nicht mehr erkennen. Es ist lange her. Das Gewusel der Passanten war auf beiden Seiten des Kanals gleich.

Ich hatte den jetzigen Museumshafen für historische Segelschiffe schon vor Jahren umrundet, Kaffee getrunken, die Umgebung auf mich wirken lassen.

Während der Weiterfahrt durch die Kanäle bemerkten wir, dass die anderen Gäste unruhig wurden; der Stadtführer hob die Stimme und gestikulierte theatralisch. Wir spürten, dass der touristische Höhepunkt zu erwarten war.

In der von ihm gezeigten Richtung, wir kamen vom Meer, sahen wir am Ufer eine Vielzahl von Bussen stehen.

Wir näherten uns der „Kleinen Meerjungfrau".

Wie gesagt, wir kamen vom Wasser und konnten sie nur von hinten betrachten, wie sie anmutig auf dem runden Granitfelsen saß. Zierlich war sie, ihr langes, leicht gewelltes Haar bedeckte ihren schlanken Rücken.

Vergleichsweise wenigen Touristen ist es möglich, die Rückseite der kleinen Schönheit zu betrachten. Und wir gehörten dazu!

Leider fuhr unser Kapitän nicht nah genug heran, um weitere Details zu erkennen. Aber zumindest war sie komplett; es fehlte weder der Kopf noch die Arme.

Während der Schiffsführer die Fahrtrichtung erneut änderte, sahen wir, wie von der Seepromenade Langeline, dort, wo die Busse halten durften, die Touristen „in Scharen" kamen, um die Kleine zu fotografieren. Viele klettern den kleinen, felsigen Abhang hinunter, um vor dieser „Lille Havfrue" zu posen, um zusammen mit ihr fotografiert zu werden.

Nur wenige Monate später, während eines anderen Ausfluges, gehörte ich dazu. Das Wahrzeichen der Stadt wurde zum wiederholten Male auch mein Fotomotiv.

Der Märchendichter H. C. Andersen schrieb die Vorlage für die rührende Geschichte der wunderschönen 15jährigen Meerjungfrau, die zuerst ihre Stimme, dann ihr Leben opferte, um ihrem Herzensprinzen nahe zu sein.

Seit 1913 erinnert die bronzene „lille Meerfrue" an dieses traurige Schicksal.

Ich bin von dem Figürchen begeistert.

Besonders berührend finde ich die Lösung mit dem Fischschwanz; er überdeckt wie ein zartes Tuch, eben wie eine Haut, die schlanken Beine. Sie sieht ganz und gar menschlich aus.

Als ich erstmals, Anfang der 90er Jahre, mit dem Bus in Kopenhagen weilte, war das zur Zeit des großen Nordkap-Fiebers. Nach einer durchfahrenen Nacht im Bus und ohne Schlaf, morgens zwischen fünf und sechs Uhr, besuchten wir während der Stadtdurchfahrt auch die Kleine. Obwohl wir alle übermüdet waren, wollten wir zu ihr, zu einem der Wahrzeichen der Stadt.

Jetzt, im sommerlichen Kopenhagen, während unserer Weiterfahrt durch die Kanäle, wurden wir immer wieder von der Bautätigkeit, besonders am Wasser, überrascht.

Schließlich fuhren wir scheinbar auf einen „riesengroßen, schwarzen Glaskasten" zu. Große Fahnen flattern im Wind. Die Gebäudefront spiegelte unser Schiff. Wir lesen: Königliche Bibliothek. Das also war der Anbau, von dem ich gehört hatte. Dass der Bau aus poliertem Granit errichtet worden war (und nicht aus Glas), erfuhr ich erst ein halbes Jahr später, bei meinem nächsten Besuch.

Zusammen mit meiner Reisegruppe hatte ich eine Stadtrundfahrt erleben können, und nun genoss ich die Freizeit. Diesmal lief ich vom Tivoli, wo uns der Fahrer aussteigen ließ, zielstrebig zum Inderhavnen Kanal und an diesem entlang zur Königlichen Bibliothek, deren Anbau direkt am Wasser ist.
Ich nahm mir richtig viel Zeit und lebte meine Neugier aus. Zuerst mit der Rolltreppe, dann mit dem Fahrstuhl fuhr ich ins sechste Stockwerk. Weiter höher ging es nicht für

Besucher. In aller Ruhe genoss ich den Blick, wohlgemerkt nach allen Seiten.

In die eigentlichen Räume der Bibliothek kam ich nicht hinein, aber das Foyer, die offene Halle, war beeindruckend.

Der „Schwarze Diamant", ließ in seinem Inneren viele Möglichkeiten zu, Ausstellungen, Konzerte und Cafés beispielsweise.

Am Hojbro-"Platz" endete mein kleiner Rundgang. In der Mitte des Platzes steht das Denkmal des Stadtgründers, Bischof Absalon, auf seinem Pferd. Für mich ist dieser Platz jeweils Anfang und Ende meines Neugierde-Trips.

Während meines privaten Aufenthaltes, vor einem halben Jahr, als wir mit dem Kreuzfahrtschiff in der Stadt weilten, liefen wir von hier zum „Runden Turm". Mit Sicherheit gehört er zu den sehenswertesten Bauwerken.

Schon Anfang der 90er Jahre, als ich die Stadt noch überhaupt nicht kannte, aber als Reiseleiterin die Durchfahrt durch Kopenhagen in einer Art „kurzer Stadtführung" kommentieren musste, spielte dieser „Runde Turm" für mich eine große Rolle.

Der Gedanke, dass es wahr sein könnte, dass Zar Peter I. mit seinem Pferd den spiralförmigen, gepflasterten Wendelgang hinauf geritten sein könnte, machte neugierig auf mehr.

Aber erst 2018 lief ich selbst „die Wurst" (so war es in einem Prospekt formuliert) 32 Meter hinauf.

1642 war das Gebäude als Observatorium der Universität gebaut worden. Wir liefen wie in einer Spirale aufwärts, „wendelten" 209 Meter über einen sieben Meter breiten gepflasterten Weg ohne Stufen, und genossen alle paar Meter den Blick auf die Dächer des Universitätsviertels, bis wir, oben angekommen, die Ausstellung der astronomischen Geräte und noch einmal den finalen Blick auf die Dächer der Stadt hatten. Wir Besucher stehen, wenn man daran glaubt, an der Stelle, die 1716 von Zar Peter I. mit dem Pferd erreicht wurde.

An die Geschichte mit der vierspännigen oder gar sechsspännigen Kutsche glaube ich nicht. Wer da oben auf dem Turm gewesen ist, glaubt zu wissen, dass der Kutscher das Gefährt niemals drehen konnte, um wieder hinab zu gelangen, es sei denn, man hätte die Pferde ausgespannt und einzeln nach unten geführt, Deichsel und Kutsche ohne Pferde gedreht … Also, wir glaubten nicht daran.

Vielleicht auch wegen der aufgetretenen Zweifel war der Besuch spannend und amüsant zugleich.

Ob es, wie in Werbeprospekten formuliert, wirklich „das sehenswerteste Bauwerk von Kopenhagen mit der besten Aussicht" ist, mag ich nicht beurteilen.

Da Reiseleiter nicht zeitgleich mit den Gästen zurück am Treffpunkt sein sollen, bemühe ich mich immer, weit vor der eigentlichen Treffzeit da zu sein.

Ich staunte beim letzten Mal nicht schlecht, als bei meiner Ankunft schon Gäste da waren. Sie erzählten mir, dass es schwer sei, in einem Café Platz zu finden, dass sie, um die Zeit „rumzukriegen", auf der Straße auf und ab gegangen seien, dass letztlich zu viel Zeit gewesen sei. (Die Dauer der Freizeit beträgt maximal drei Stunden.)

Das ist dann auch der Augenblick, wo ich den Gästen gern die Frage stellen möchte, weshalb sie die Reise nach Kopenhagen unternommen haben. Ich stimme also mit den Gästen überhaupt nicht überein. Ja, ich bin sogar verärgert, dass sie die Stadt, in der ich so gern bin, nicht weiter kennenlernen wollen. Meine Liste mit Sehenswürdigkeiten, große und kleine, die ich gern sehen würde, ist noch immer lang.

Den neuen Fahrauftrag im Herbst 2019 übernahm ich sehr gern.

Bei meiner Zusage dachte ich aber nicht an die frühe Finsternis, an nasse, kalte Stunden während des Aufenthalts, nicht an starken Wellengang auf der Ostsee oder gar Stunden des Wartens, bis das Schiff verspätet im Hafen von Trelleborg anlegt.

Wieder war es die „Nils Holgersson", mit der wir unterwegs waren.

Meine Gäste waren zufrieden… Zufrieden waren sie bis zu dem Augenblick, wo ich ihnen sagen musste, dass unsere Fähre zurück am Abend um Stunden verspätet ankommen würde. Genaueres konnte man mir nicht sagen.

Das bedeutete, dass wir auch den Aufenthalt in der dänischen Hauptstadt verlängern konnten bzw. mussten. Während die einen sich schon fragten, was sie wohl so lange tun könnten, machte ich gedanklich sofort Pläne für eigene Entdeckungen.

Und ich hatte auch schon eine Idee: Während der Stadtrundfahrt hatte ich gleich neben der Königlichen Bibliothek ein interessantes Gebäude entdeckt. „BLOX" stand mit großen Buchstaben am riesigen, viereckigen grauweiß und grünen Haus. Mit Sicherheit war es bei meinem letzten Besuch noch im Bau. Die örtliche Reiseleiterin hatte erwähnt, dass es ein Veranstaltungszentrum sei. Aber es ist noch viel, viel mehr. Hier im Dänischen Architektur-Zentrum entstehen die Ideen für all die neuen Häuser, Brücken, Einrichtungen, Kinderspielplätze, eben für alles Neue, das ich bewundere.
Es beginnt schon mit dem Eingang. Zwischen ganz normalen Stufen, die hinauf ins Foyer führen, befinden sich wellenförmig nach unten Rutschen für die Kinder. Kleinigkeiten gewiss, aber sie findet man überall. Z.B. faszinierten mich die grellen Regenbogenfarben der Rolltreppe, vor allem aber die Exponate in völlig neuen Formen, die hier zur Diskussion stehen.
Dieses „Haus" ist für mich ein Symbol dänischen Bauens, sowohl in der Form als auch in der Schnelligkeit, mit der hier gebaut wird.

(Besonders fiel mir das auf, als wir am Abend nach Trelleborg zurück fuhren. Noch vor einem Jahrzehnt war hier flaches unbebautes Land.)

Neu war für mich auch die im Juli 2019 eröffnete „Lille Langebro", die über den Inneren Hafen führt. Diese Fußgängerbrücke neben dem BLOX ist 175 Meter lang und besteht aus vier Teilen. Wenn sich ein Schiff nähert, dann werden die beiden inneren Teile gedreht, die Brücke ist nicht mehr existent. Nicht nur das fasziniert mich. Die Brücke sieht sehr elegant aus, die gesamte Konstruktion scheint schwingend und leicht zu sein.
Ich musste einfach über diese Brücke auf die andere Seite laufen!

Und von hier wurde ich mit den schönsten Anblicken belohnt.
Ich lief und lief, völlig ohne Plan, denn ich hatte Zeit. Endlich war ich in Christianshavn. Dieses Viertel wird aufgrund der Kanäle, die hier ausgebaut wurden, oftmals mit Amsterdam verglichen. Der Spaziergang entlang des Ufers zur Knippelsbro, ebenfalls eine Klappbrücke, war beeindruckend. Fast ganz allein schlenderte ich. Es war an einem Montagnachmittag, die Sonne war gerade untergegangen, und es begann zu dunkeln. Nur noch die Erlöserkirche (Frelsers Kirke) mit der außen angebrachten Wendeltreppe wollte ich sehen und dann zurück laufen. Als ich dann davor stand, war schon geschlossen.

Kurz entschlossen änderte ich meinen Plan. Dann würde ich eben versuchen, durch den „Freistaat Christiania" zu laufen. Ich wusste, dass auf dem Gelände einer ehemaligen Militäranlage seit 1971 eine staatlich geduldete autonome Gemeinde existierte.
Ich hätte gewarnt sein müssen!
Aber ich war neugierig und stand ja unmittelbar davor, denn hinter der Kirche begann dieser sogenannte Staat.

Zusammen mit anderen Besuchern oder/und Bewohnern lief ich durch ein schmales Tor. Keiner fragte mich, keiner hielt mich auf. Ich fotografierte die bunt bemalten Häuser, lief durch eine kleine Parkanlage und kam auf einen schmalen Platz oder eine breitere Straße. Inzwischen waren Lampions über der Straße entzündet, auf Verkaufstischen wurden Waren angeboten, z.B. Schalen mit Mörsern…

Vom Licht der bunten Lampions war ich so beeindruckt, dass ich ein Foto machen wollte. Und erst in diesem Augenblick sah ich durch die Linse des Handys das Schild "Fotografieren verboten".

In diesem Augenblick war ich schon umgeben von einer Gruppe dunkel gekleideter Männer, die alle auf mich einredeten und mein Handy haben wollten.- Die Männer wirkten auf mich wirklich bedrohlich.

Schlagartig wusste ich, dass ich nicht allein dahin hätte gehen sollen, ich war leichtsinnig. Also erklärte ich den mich bedrängenden Männern immer wieder, dass ich eine Touristin sei, nichts verstehe und nur den Ausgang suche.

Ich riss mich los, ging einfach weg, irgendwohin.

Und nun suchte ich den Ausgang wirklich.

Die Dunkelheit kam schneller, als ich gedacht hatte.

Als ich letztlich durch den schmalen Toreingang nach draußen schlüpfte, fiel mir ein großer Stein vom Herzen.

Auf dem Weg Richtung Zentrum hatte ich die ausgestandene Angst schon fast vergessen. Schnellen Schrittes lief ich zum „Tivoli" zurück. Der Erlebnispark gilt als einer der berühmtesten Freizeitparks Skandinaviens. Hier gibt es seit 1843 nicht nur Fahrgeschäfte (historische und moderne), sondern auch Leckereien aller Art. Am meisten verzaubern mich jedoch die vielen bunten Lampen und Lämpchen, 100 000 sollen es sein. Hinzu kommen noch die leuchtenden roten Herzen. Dort, wo wir in der Heimat

Sterne in der Weihnachtszeit haben, sind es hier leuchtende rote Herzen, große und sehr große und vor allem viele.

Ich hatte genügend Zeit, um noch eine ganze Runde außerhalb des Vergnügungsparks zu laufen. Jetzt, in der Dunkelheit, leuchteten die Fahrgeschäfte und Verkaufsstände besonders.

Aufgrund der verspäteten Abfahrt nutzte ich die Zeit, um noch einmal über den Rathausplatz und die sich anschließende Fußgängerzone zu gehen, natürlich unter roten Herzen, die quer über der Straße befestigt waren.

Ich dachte daran, dass sogar in der autonomen Gemeinde Christiania rote Herzen in den Bäumen hingen.

Langsam und viel zu zeitig kamen die Gäste zurück. Ich konnte sie verstehen, im Dunkeln macht es allein wenig Spaß, zu bummeln.

Da im Ablauf der Reise keine zusätzliche Versorgung vorgesehen war, konnte ich den Gästen auch nichts anbieten. Das Abendbrot war auf der Fähre zu einem normalen Zeitpunkt geplant. Aber nun verzögerte sich alles. Noch waren die Gäste ruhig, weil der Bus vorgewärmt und zeitig genug am verabredeten Platz stand.

Als dann die verabredete Zeit heranrückte, fehlte ein Ehepaar. Es dauerte auch nicht lange, dann klingelte mein Handy. Die Gäste standen irgendwo am „Tivoli", konnten aber nicht beschreiben, an welcher Stelle genau. Ich freute mich sehr, dass sich der Fahrer bereit erklärte, einmal um das Freizeitareal zu laufen. Er fand sie zwar nicht, aber die Gäste hatten inzwischen selbständig zum Bus gefunden.

Nach unserer Ankunft im Hafen von Trelleborg meldete ich unsere Gruppe im Hafenbüro an. Die Auskünfte waren unterschiedlich. Sichtlich wusste man auch nicht, wann die Fähre in den Hafen einfährt. Wir durften in den Bereitstellungsraum. Wir standen und standen, warteten und warteten. Mit fast drei Stunden Verspätung legte die Fähre dann endlich an, und wir mussten noch einmal warten, bis sie entladen war und wir endlich auf die Rampe fahren durften. Alle waren hungrig und gereizt. Glücklicherweise war das Abendbrot 21.30 Uhr ausgezeichnet.

Als ich als letzte das Restaurant verließ, war ich ziemlich ernüchtert. Wir Touristen sind nur solange freundlich und friedlich, solange es keinerlei Probleme gibt. Mir hatte niemand gesagt, weshalb das Schiff später kam, aber aller Unmut wurde bei mir abgeladen.

IV. GDANSK/DANZIG

Wenn die Reise in meinem Heimatort beginnt, dann lautet mein Auftrag, eine Viertelstunde vor der allgemeinen Stellzeit da zu sein.
Ich war da, sogar zu zeitig.
Der Platz war noch leer, es war noch kein Reisebus angekommen.
Von der Straßenbahn kam eine Frau quer über den Platz auf mich zugeeilt, sie hatte sicher das Logo der Veranstalters auf meiner Jacke gesehen. Sie blieb vor mir stehen und fragte: „Sind Sie der Bus?"
Kein Morgengruß, kein Reiseziel.
Ich bin verwirrt und nicht schlagfertig genug, um ihr vielleicht zu antworten. Vielleicht so: „Bitte steigen Sie ein."
Aber ein Grinsen kann ich mir dennoch nicht verkneifen, als ich ihr erklärte, dass sie einfach nur zu zeitig da sei, dass die Busse mit den unterschiedlichen Zielen in Kürze eintreffen würden.

Anfang Oktober 2019. Zügig und ohne jedweden Stau erreichen wir die deutsch-polnische Grenze. Der anfängliche Nieselregen war zwischenzeitlich in einen Landregen übergegangen.

Die polnischen Autobahnen sind neu.
Im Zusammenhang mit der Fußball-Europameisterschaft 2012 wurde das Grundnetz der jetzigen Autobahnen gebaut. Es gibt eindeutige Ausschilderungen und viel Raum rechts und links der Strecke. Wir staunen über die Anzahl der gebauten Tierbrücken; bis Poznan/Posen habe ich 13 gezählt.
Sicherheitszäune ziehen sich im notwendigen Abstand entlang der Straße.

Wir fuhren hauptsächlich durch Wald und landwirtschaftlich genutztes Land.

Ich sah Bauern, die den geernteten Mais mit dem Handwagen vom Feld holten, aber ansonsten wenig Menschen.

Die neue Autobahn hat für uns Bustouristen auch „Nachteile". Sie führt durch gering besiedeltes Land. Es gibt wenig zu entdecken: keine Schlösser und Kirchen am Wegesrand, keine auffälligen Bauten, ja auch keine Menschen.

Zwischen Poznan/Posen und Torun/Thorn wird noch gebaut; wir fahren also auf der Landstraße. Erst hinter Torun erreichen wir wieder die Autobahn Richtung Danzig.

Das Land ist weit, die Hügel flach, eben eine Moränenlandschaft. Und es ist dünn besiedelt, nur kleine Ortschaften sind zu sehen.

Es sollen etwa 60 Personen auf einen Quadratkilometer wohnen, das ist etwa die Hälfte des Bevölkerungs-Durchschnitts in Polen.

Wir kamen gut voran, und nach rund 900 Kilometern erreichten wir das Hotel „Dom muzyka". Dieses Hotel ist ein besonderer Bau. Gebaut wurde das Haus als preußische Kaserne. Immer, bis 1995, war es von Soldaten bewohnt worden und dann für einen Zloty an die Musikakademie „verkauft".

Der symbolische Akt hat sich, wie wir feststellen können, gelohnt.

Am folgenden Morgen, der Himmel ist grau, und bald fängt es auch zu regnen an, beginnen wir unter fachkundiger Führung die Stadt zu entdecken.

Ich versprach der Stadtführerin, ihr mit meinem „Orientierungsfähnchen" zu helfen, indem ich es als Laterne am Ende der Reisegruppe einsetzte.

Nicht automatisch bekam ich als Reiseleiterin ein solches „Winkelement". Als ich es mir vor Jahren vom Reiseveranstalter erbat, erhielt ich mehrere Papierfähnchen, die den ersten Windstoß bzw. Regen nicht überstanden. Erst nach Begleitung einer Reisegruppe während einer Kreuzfahrt blieb das Fähnchen bei mir. Es ist wirklich eine Orientierungshilfe für die Gäste.

In Erinnerungen versunken lief ich also am Ende der Gruppe:
Bei meiner ersten Mehrtagesfahrt ins polnische Nachbarland verlief die Reiseroute von Nord nach Süd, d.h. unser erster Aufenthalt sollte in Danzig sein. Vorgeschrieben war die Strecke in meinen Unterlagen nicht. Der Fahrer war vom Dispatcher seines Unternehmens auf die Strecke nach Szczecin/Stettin und dann parallel zur Ostseeküste nach Osten orientiert worden. Ich meldete Zweifel an, konnte aber die Route nicht durch eigene Entscheidungen verändern.
Nach dem Grenzübergang stimmten die Wegweiser an der Strecke zunächst mit meiner Straßenkarte überein.
Ich erinnere mich, dass wir Slupsk/Stolk und Leborg/Lauenburg durchfuhren.
Aber dann gab es Baustellen und Umleitungen. Ich war felsenfest davon überzeugt, dass wir an irgendeiner Stelle falsch abgebogen waren und „nervte" den Fahrer. Hier gab es nur Wald, Wald und nochmals Wald, aber andererseits fuhren wir auf einer asphaltierten, schnurgeradeaus führenden Straße. Dennoch, wir waren auf keiner Umleitung mehr, sondern hatten uns verfahren.
Wir mussten zurück!
Die Fahrzeit konnte ein Problem werden.

Als wir endlich die Hauptverkehrsstraße, es war noch keine Autobahn, wieder erreicht hatten, begann es zu dämmern.

Vorbei an Gdynia und Sopot überquerten wir endlich die Weichsel und waren nun in Danzig.

Im riesigen Hafenareal suchten wir unsere Straße, unser Hotel.

Dann standen wir vor einer Pontonbrücke mit dem Hinweis, dass man sie bis zu einem Gewicht von 3,5 Tonnen befahren könne.

Unser Bus wog mehr als das Fünffache!

Was tun?

Eine Schrecksekunde folgte.

Wir sahen uns an, nickten uns zu, und der Fahrer gab Gas.

Wir querten die Brücke.

Am anderen Morgen holte uns die Stadtführerin am Hotel ab. Ich hatte schlecht geschlafen, weil ich mir bewusst war, dass ich die 3,5 Tonnen ignoriert hatte.

Welche Strecke würde sie wählen? Bestimmt nicht diese Brücke …

Doch!

Als Antwort auf meine Frage informierte sie uns, dass auf dem darunter stehendem Text stünde, dass Anlieger die Brücke befahren können. Wir waren „Anlieger". Der berühmte Stein fiel mir von der Seele. Hätten uns die Agenturen damals informiert, dass eine Hotelzufahrt problemlos möglich ist, wäre mein Nachtschlaf besser gewesen.

Bei der Reise jetzt passt bisher alles perfekt.

Wir laufen ungefähr zehn Minuten bis zur Brücke über die Motlawa.

Von hier aus sehen wir das große Krantor, dass im Mittelalter zum Be- und Entladen der Schiffe diente.

Gleichzeitig ist es auch ein besonderes Tor, denn als wir durch dieses Stadttor gingen, konnten wir über uns ein riesiges hölzernes Rad sehen, das in der Vergangenheit durch die Kraft von Männerbeinen angetrieben wurde. Jetzt steht es still, und ich kann nur vermuten, welcher Anstrengung es bedurfte, dieses Rad zum Drehen zu bringen.

Nach einem ersten Blick auf die prächtigen Giebel der Kaufmannshäuser beginnt unser Rundgang durch die Straßen der Stadt.
Die Fassaden der Häuser, ihre Giebel, sind beeindruckend und vielfältig.
Neben Treppengiebeln findet man solche, die die Form einer Glocke oder eines Dreiecks haben. Auch der äußere Anstrich ist verschiedenfarbig: olivgrün, hellgrün, dunkelgrün, blau, orange, rot und braun und alle Schattierungen

der Farbe gelb. Die jüngst gebauten Speicher auf der anderen Seite der Motlava sind (noch?) weiß.

Mit dem Blick auf die im Fluss vertäuten Schiffe überlege ich schon jetzt, ob ich während der späteren Freizeit die neu entstandenen Speicher umrunde, die anstelle von ehemals 360 alten, zerstörten Lagerhäusern, wieder aufgebaut wurden. Die alte Hülle bleibt erhalten, aber es sind nunmehr Wohnungen. Ein völlig neuer Zweck!

Ich weiß von früheren Besuchen, dass auf der Rückseite der Speicherinsel noch Ruinen zu sehen waren; hier ist der Bau noch in vollem Gange,

Zu Beginn unseres Rundgangs laufen wir durch das „Grüne Tor" in die Stadt. Das für die polnischen Könige im 16. Jahrhundert gebaute Haus wurde, so sagte man uns, niemals zu diesem Zweck genutzt.

Ob der Renaissancebau in der Vergangenheit jemals grün war, darüber gibt es unterschiedliche Meinungen.

„Die Algen im Fluss waren es auf jeden Fall immer", merkte unsere Stadtführerin an.

Unter den beiden Torbögen, gleichsam Durchgängen für Fußgänger in die Stadt, trifft man sich in Gruppen oder auch privat; es wird musiziert, gesungen …

Es ist immer etwas los.

Heute nicht. Es regnet immer mehr.

Natürlich findet unser Stadtspaziergang trotzdem statt.

Wir laufen durch die Ulica Mariacka, die Frauengasse. Der Fußweg, mit Kopfsteinen gepflastert, ist nicht breit; rechts und links führen Stufen zu Terrassen, die hier Beischläge heißen. Sie sind typisch für die Region. Bernstein wird hier in Vitrinen und unter Glas in Form von Tischplatten zum Sehen und Kaufen angeboten. Ich bin fasziniert von den Blumenbänken, den gestalteten Geländern und Balkonen

sowie den schmalen, von der Straße zugänglichen Kellerräumen, in denen die verschiedensten Gegenstände angeboten werden, natürlich hauptsächlich aus Bernstein.
Die gesamte Straße wurde nach dem Krieg vollständig restauriert.
Das vielen von uns aus dem Film bekannte Haus der Familie Buddenbrook befindet sich hier in der Frauengasse, aber nicht wirklich. Dieses Haus hier in Danzig diente nur als Kulisse für den Film, der nach dem Roman von Thomas Mann gedreht wurde.

Irgendwann während unseres Rundganges stand ich vor dem Langgasser Tor.
Das als Triumphbogen geschaffene Tor (Anfang 17. Jahrhundert), durch welches die Potentaten mit ihrem Gefolge in die Stadt fuhren, wurde für mich zum Alptraum. Auf beiden Seiten des Durchgangs im Inneren des Torbogens sah ich Bilder der 1945 zerstörten Stadt. Ein Ruinenfeld!
Nur der Rathausturm war zu erkennen, aber auch nur dann, wenn man als Besucher darauf hingewiesen wurde.
In der historischen Altstadt wurden 90% der Bebauung zerstört.

Pünktlich zur vollen Stunde standen wir in Hörweite des Rathauses und konnten dem Schlagen des Glockenspiels lauschen. Etwa ein Vierteljahr vorher, im heißen Sommer 2019, war ich auf den Turm gestiegen und hatte die Wohnhäuser ringsumher wie Spielzeughäuschen unter mir gesehen: all die roten Dächer, die farbigen Giebelfronten, die unterschiedlichsten Giebelformen. Selbst auf die Marienkirche konnte ich hinab sehen. Immer wieder erinnerte ich mich, dass all das nach dem Krieg wieder aufgebaut wurde, weitgehend im Original.

Unsere Stadtführerin vermittelte uns überzeugend die Fakten zum Verständnis der Stadtgeschichte.

Nur einmal irrte sie sich: Sie erklärte uns Sachsen, dass da oben auf dem Rechtsstädtischen Rathaus der Sächsische Kurfürst und spätere König von Polen, August der Starke, stünde. Mir war sofort klar, dass diese Aussage nicht stimmen konnte, sagte aber nichts. Der sächsische Herrscher gehört in ein anderes Jahrhundert, da oben sieht ein Regent aus dem 16. Jahrhundert (König Siegmund II. August) auf den Langen Markt. Und außerdem war „unser" König August niemals so schlank, wie der da oben auf dem Rathaus.

Immer wieder wurde darauf hingewiesen, dass die Gelder der EU, die im Zusammenhang mit der Fußballweltmeisterschaft 2012 flossen, für Danzig von großem Wert waren: das Stadion, der Flugplatz, die Straßenführungen, der Bau der neuen Hotels, Bars … wurden finanziert.

Die Marienkirche, vor über 150 Jahren gebaut, ist beispielsweise eines der Gebäude, das schon lange restauriert wird. Ein Ende der Arbeiten war für mich nicht abzusehen. Trotzdem durften wir die größte Backsteinkirche Europas besichtigen. Im Inneren erstrahlt das gesamte Gewölbe in einem schlichten weißen Farbanstrich.
Beeindruckt waren wir alle, wenn auch sicherlich aus verschiedensten Gründen.

Durch das Baugeschehen konnten wir jedoch nur lückenhaft das Innere auf uns wirken lassen. Die einen schauten zum Altarbild und zur astronomischen Sonnenuhr; mich fesselten die beiden Madonnenbilder, die schwarze Madonna von Tschenstochau und ein anderes Madonnenbild, eine Madonna mit heller Hautfarbe.

Der Regen hat nicht nachgelassen.

Ich beschließe, trotz des Regens sofort nach der Führung zum Fluss zu laufen und mit dem historischen Segelschiff die Weichsel abwärts zur Wester-Platte zu fahren; jedenfalls heißt das Ziel auf meinem Ticket so.
Es regnet, regnet, regnet.

Das Schiff ist für Sonnentage geeignet, das Deck ist nicht überdacht. Nur im Inneren ist es trocken. Ich fröstele und bestellte einen heißen Kakao „mit Schuss".
Plastikrollos vereiteln eine klare Sicht auf die Hafenanlagen an der Motlava/Mottlau. Bei Sonnenschein wäre es eine eindrucksvolle Fahrt gewesen.
Fast an der Mündung in die Oliva fahren wir an einem kleinen Fährschiff vorbei, das meinen Namen trägt. „Anita" muss ich fotografieren!

Schlussendlich fahren wir an dem Denkmal vorbei, dass für die Ewigkeit daran erinnern soll, dass hier am 1.September 1939 mit dem deutschen Angriff auf die Wester-Platte der 2.Weltkrieg begann, dass hier mit militärischer Überlegenheit die polnische Verteidigung gebrochen wurde.

Die Festung Weichselmündung konnte ich vom Boot aus nicht sehen, nicht einmal den grauen Verteidigungsturm inmitten der Anlage.

Es war gar nicht so einfach, während dieses Dauerregens zu einem Foto zu kommen. Ganz nah musste ich mich mit dem Handy an einen kleinen Spalt zwischen Fensterrahmen und Plastikrollo drücken und mit den Fingerspitzen das Rollo ein wenig öffnen. Schon kamen die „Helfer" des Kapitäns, die mich an meinem Tun hindern wollten. Aber ich hatte ja schon meine Fotos.

Auf der Rückfahrt ließ der Regen nach, ich werde also noch einmal durch die Stadt gehen, bummeln ohne konkretes Ziel, sie als Ganzes auf mich wirken lassen.

Zuerst lief ich zur Danziger Markthalle. Ich hatte in den letzten Jahren wunderschöne Markthallen sehen können, beispielsweise in Budapest, Breslau, Valencia. Voller Staunen laufe ich dann durch die Gänge, steige nach oben in eine Art Galerie und schaue dem Treiben zu.

Dann wollte ich dem Neptunbrunnen ein letztes Lebewohl sagen.
Ich finde die Legende so schön, dass es Neptun mit seinem Dreizack gewesen ist, der zur Entstehung des Danziger Goldwassers beitrug. Er sei verärgert darüber gewesen, dass die Touristen Goldstücke in den Brunnen warfen. Mit seinem Dreizack zerschlug er die Goldstücke; tausende Blättchen schwimmen im Goldwasser.

Während unseres geführten Stadtrundganges standen wir dem Neptunbrunnen gegenüber vor einem kleinen Denkmal, das an eine Danziger Berühmtheit erinnert, an D.G. Fahrenheit, nach dem die Temperaturskala benannt wird, die u.a. in den USA verwendet wird.
Die Stadtführerin verwies auf andere Persönlichkeiten der Danziger jüngeren Geschichte und nannte den Dichter G. Grass und den Politiker L. Walesa.

Ich würde diesen Namen gern einen weiteren hinzufügen. Seit ich wusste, dass ich nach Danzig fahren würde, beschäftigte mich die Frage, ob ich wohl diesmal Zeit haben würde, das Grab von Frau ALINE BOCCARDOZ. zu suchen und zu besuchen.

ALINE BOCCARDO-ZOLONDEK,
ökumenische Katholikin, Friedensfrau und Frauenrecht-
lerin

Aline Boccardo (1920-2015) wurde in Danzig geboren. Sie
war eine der bekanntesten Schweizer Friedensfrauen, Mit-
begründerin der Organisation „Frauen für den Frieden"
und der Bewegung „SOS-Rio, rettet den Regenwald".
Gleich bei meiner Ankunft forschte ich nach, auf welchem
Friedhof Aline Boccardo bestattet worden war. Leider war
ihr Name im Register noch nicht zu finden, ich muss folglich warten.
Die Erinnerung an sie und ihr Wirken ist mir wichtig.

Ich googelte mehr zufällig ihren Namen und war sehr erstaunt, als der Computer fündig wurde. Vier Bücher hatte
sie herausgegeben, und ich hatte doch nur an einem mit-
gearbeitet. Jetzt war meine Neugier geweckt.
Aber der Reihe nach:

Durch Zufall erfuhr ich von Aline B., einer Polin, enga-
gierten Friedensfrau, gläubigen Katholikin und Kämpferin
für die Rechte der Frauen. In verschiedenen Kirchgemein-
den Deutschlands begleitete sie persönlich eine Ausstellung zum Thema „Rettung des Regenwaldes". Es sollen
Wurzeln der Bäume aus dem Amazonas-Gebiet gewesen
sein, die sie mit mahnenden Texten versehen hatte. Ich
habe diese Ausstellung selbst nicht gesehen.

Frau Aline lebte zu diesem Zeitpunkt in Lausanne, in der
französischen Schweiz. Dringend suchte sie eine Hilfe, die
mit ihr zusammen ihre vielen selbst gewählten Projekte
verwirklichte. Ich kannte auch Frau Aline bis zu diesem
Zeitpunkt nicht. Eine Pfarrersfrau, die im selben Haus wie

ich wohnte, vermittelte mich. Meine künftige Arbeitgeberin beherrschte mehrere Sprachen, aber die hochdeutsche Schriftsprache bereitete ihr „Schwierigkeiten".

Wir Reiseleiter haben in den Wintermonaten wenige Aufträge, deshalb nahm ich das Angebot begeistert an. Ich würde also für einen begrenzten Zeitraum Arbeit haben, Geld verdienen und ein wenig von der Schweiz kennen lernen.

Am Bahnhof in Lausanne stand ich dann einer damals 74jährigen gegenüber, einer kleinen Frau, gestützt auf eine Gehhilfe. Sie sah schutzbedürftig, kränklich aus. Da unterschätzte ich sie aber gleich zu Beginn unserer Bekanntschaft. Sie hatte zwar im Abstand von wenigen Jahren zwei Unfälle erleben müssen, aber ihre Energie war von Anfang an bewundernswert.

Während meiner Aufenthalte stellte sie mir in ihrer Wohnung ein kleines Zimmer zur Verfügung. Dieses war wirklich nur klein, ein Schlafsofa, ein Stuhl, kein Tisch, kein Schrank. Aber es reichte völlig aus, weil ich ohnehin während des Tages mit ihr zusammen arbeiten würde.

Aline, meine Arbeitgeberin, kam auch gleich zur Sache. Sie habe verschiedene dringende Projekte. Zum einen wolle sie in Lausanne die erste Frauenbibliothek der Schweiz einrichten. Weiterhin arbeite sie für ein Büro in Bern, das sich mit Problemen der Frauen- und Friedensbewegung beschäftigt und am allerwichtigsten sei das Buch, das sie zu schreiben gedenke. In diesem Buch solle es nicht um die Privatperson des damals polnischen Papstes gehen, sondern generell um die Rolle der Päpste in der Geschichte, um die angemahnte Friedens- und Frauenpolitik des Vatikans. Ein weiterer Schwerpunkt ihrer Aktivitäten betraf die „Frauen für den Frieden", die Schweizer Organisation, deren Gründerin sie war.

Für jedes dieser Themen hat Aline über Jahrzehnte eine Unmenge von Artikeln aus der internationalen Presse gesammelt, hielt Kontakt zu hochrangigen Persönlichkeiten, wie beispielsweise dem sowjetischen und dem amerikanischen Präsidenten, dem Büro des Vatikans, Richtern, Bischöfen, Theologen...

Ich staunte. Bis dahin nahm ich an, dass ihr Buch ein Roman werden sollte, wo es um triviale Dinge geht, vielleicht ihre Biografie. Ich wunderte mich auch über die Arbeitszeit bei ihr, 8.00-20.00 Uhr, auch am Wochenende. Aber bald merkte ich, dass ein einzelner Mensch Vorhaben solchen Umfangs gar nicht allein bewältigen kann. Ich war gewillt, sie nach Kräfte zu unterstützen.

Aline hatte keine Haushaltshilfe, folglich musste eingekauft und gekocht werden. Auch auf kleineren Spaziergängen bestand sie, die jedoch fast immer an ein bestimmtes Ziel gebunden waren.

Gleich am Tag meiner Ankunft schickte sie mich los, eine elektrische Schreibmaschine zu kaufen. Noch einmal, sie lebte in der französisch sprechenden Schweiz. Mit meinem längst vergessenen Sprachschatz aus der Schulzeit musste ich nun irgendwie zurechtkommen. Mit einem Sprachgemisch auf beiden Seiten erfolgten die Kaufverhandlungen. In die Wohnung zurückgekehrt, war ich auch unsicher, ob ich das Gerät überhaupt in Gang bringe. Am gleichen Tag noch begannen wir. Das Schreiben bereitete mir keine Mühe, nur die Eile, zu der ich immer wieder aufgefordert wurde.

Ich erfuhr, dass Aline sich und ihrer Umwelt keine Zeit ließ, weil sie Bange hatte, dass ihre Arbeit unvollendet bleiben könnte. Die beiden Unfälle sah sie als Reaktion auf ihre aktive Rolle in der Frauenbewegung, als Attentate.

Über private Dinge sprachen wir kaum, sie hielt das Verhältnis Arbeitgeber-Arbeitnehmer konsequent ein.

Was ich jetzt weiß, erfuhr ich im Nachhinein durch ihr Buch, dass sie über ihre ersten 30 Lebensjahre veröffentlichte. Vieles entnahm ich aus dem, was sie mir diktierte.

Stolz zeigte sie mir ihre erste Veröffentlichung, „Wurzeln"(1993). Im Vorwort steht: „In der Zeit des Gipfels von Rio (1992) kamen Baumwurzeln verbrannter Tropenbäume in meine Hände, und jeder, der die Wurzeln sah, war, wie ich auch, von der Aussagekraft beeindruckt." Ihre Wurzeln und den in Versform geschriebenen Text stellte sie erstmals 1993 während einer internationalen Frauentagung in Genf aus. Alle ihre Texte beginnen oder enden mit der Bitte um Unterstützung.
In dieser Broschüre kritisiert sie die (ich verwende ihre Formulierungen) „Machtgier, Raubgier, Mordgier" gegen die Ureinwohner Südamerikas und die Vernichtung ihrer Ressourcen.

Mit dieser ihrer Ausstellung war sie in verschiedenen Städten, meist in Kirchen, so u.a. auch in Dresden und Magdeburg.
Weil Aline so viel unterwegs war, so viele neue Pläne hatte, aber ihr Gesundheitszustand nicht der beste war, brauchte sie zu diesem Zeitpunkt jemanden wie mich.
Oft, sehr oft, verstand ich, die ich in der DDR gelebt hatte, ihre Handlungen und Auffassungen nicht. Aber meine Meinung war ja nicht gefragt, ich sollte schreiben und ihr die Arbeit erleichtern. Trotzdem bewunderte ich sie, wie sie sich Tag für Tag engagierte.

„Frauen für den Frieden" ist seit 1977 eine internationale Frauenbewegung; in allen Schweizer Städten entstanden Gruppen von „Frauen für den Frieden". Zahlenmäßig waren das nur wenige Personen, aber außerordentlich aktiv.

Und Frau Aline war in vielen Fällen der Auslöser der verschiedensten Aktionen. So fuhr sie 1980 zusammen mit weiteren fünf Frauen nach Rom, immer kofferweise Protestresolutionen und Briefe an politische Persönlichkeiten dabei. Einmal kettete sie sich und die anderen Frauen an die berühmte Skulptur Michelangelos im Petersdom. Die Metallkette hatte sie mitgebracht. Sie wollte damit erzwingen, dem Papst einen Brief überreichen zu dürfen, in welchem sie den Protest der Friedensfrauen gegen die erfolglosen Verhandlungen zum Atomsperr-Vertrag zum Ausdruck brachte. Voller Empörung erzählte sie, dass alle Frauen von der Polizei des Vatikans "verhaftet" wurden und sie als Verantwortliche in einem Nebenraum der Kapelle „verhört" worden sei.

Eine damals übliche Art, auf bestimmte Fragen aufmerksam zu machen, war das Fasten. Auch daran beteiligte sie sich. Am Weltfriedenstag hatten beispielsweise 1986 vier Vietnamveteranen in Washington mit dem Fasten begonnen. Sie kritisierten die Einmischungspolitik der USA. Als die Frauengruppe von Aline das hörte, beschlossen sie mitzumachen. So fastete sie aus verschiedenen Anlässen und setzte wiederholt ihre Gesundheit aufs Spiel.

Ein weiteres Beispiel ihres unbedingten persönlichen Einsatzes möchte ich anführen. Frau Aline reiste auch auf eigene Kosten dorthin, wo sie glaubte, ihre Ideen persönlich vertreten zu müssen, das konnte im Rahmen einer Delegation sein (Moskau), aber auch in kleiner Gruppe, zu zweit (Graz, Prag, den Haag) oder ganz allein (Paris). Immer nahm sie dann auch ihre Ausstellung mit, Protestschreiben, Flugblätter… Sie reiste viel, sie riskierte viel.

Wenn ich die von ihr gesammelten Materialien abschrieb, dann verstand ich die Zusammenhänge oft nicht. Wenn sie „ihren" Papst so hart kritisierte, so enttäuscht von seinen Entscheidungen war, dann hielt ich ihr vor, dass er doch eine international geschätzte Persönlichkeit sei. Auch Vertreter der Kirche wiesen in ihren Antworten darauf hin.

Mitte der 90er übersiedelte Aline aus Alters- und Gesundheitsgründen nach Bad Ragaz, und ich folgte ihr mit meinen jährlichen vier Wochen Aufenthalt. Nun waren die Kontakte zu den anderen Friedensfrauen lose. Aline dachte über neue Projekte nach, die sie körperlich noch bewältigen konnte. So entstand ihre zweite Ausstellung mit dem Titel „Steine" 1994. Diese habe ich selbst mehrfach in den Händen gehalten. Von einer Reise nach Israel hatte Aline Steine aus dem Toten Meer mitgebracht. Diese hatte sie auf Plexiglas aufkleben lassen und dazu Verse geschrieben, die sich mit der möglichen Vernichtung der Menschheit durch die auf der Welt bereits existierenden Waffenarsenale beschäftigten. Es war ein Schrei nach Abrüstung. Diesbezüglich war sie trotz körperlicher Einschränkungen die alte geblieben.

Sie begann sogar, chinesisch zu lernen, weil sie unbedingt zur Schweizer Delegation gehören wollte, die zum Internationalen Frauenkongress nach Peking fahren würde. Weil das aufgrund ihres Alters und ihrer körperlichen Befindlichkeiten nicht realisiert wurde, bezahlte sie für sich und eine Pflegerin Flugtickets privat. Ja, Frau Aline konnte sehr bestimmend sein, wenn sie eine selbst gestellte Aufgabe erfüllen wollte.

Schon von Beginn an, während ich bei ihr weilte, wurden die verschiedenen Projekte zeitlich nebeneinander abgearbeitet. Ein Ort für die Frauen-Bibliothek war schon vor meiner Zeit gefunden worden. Der Buchtransport erfolgte mittels Handwagen. Es waren aber keine Bücher, die ich da durch die Stadt transportierte, sondern prall gefüllte Hefter mit Zeitungsausschnitten, bei drei Fahrten zirka 50 Hefter. An Bücher kann ich mich nicht erinnern.

Ich vermutete, dass an diesem Ort Alines Archiv gelagert wurde, denn die Hefter waren mit Jahreszahlen versehen.

Mit ihrem Buch kam sie nicht so voran, wie sie es wünschte. Während ich nicht bei ihr arbeitete, schrieb wohl irgendjemand an dem Text weiter, er war dann anders geordnet. Teile davon wurden auch schon zum Lesen und Beurteilen weitergegeben. Dann fehlten sie, und Aline wusste nicht mehr, wer sie augenblicklich hatte.

In ihrem Wohnzimmer hing ein sehr großes Bild des Heiligen Antonius von Padua. Diesem Heiligen wird zugeschrieben, dass er der „Wiederfinder verlorener Sachen" sei. Täglich zündeten wir eine Kerze vor seinem Bild an und hofften, dass er uns behilflich sein würde beim Wiederfinden unserer geschriebenen Seiten. Man darf nicht vergessen, wir schrieben noch auf einer elektrischen Schreibmaschine, und jeden Abend wurden Kopien angefertigt.

Und am Morgen waren sie weg! Ich verstand die Welt nicht mehr und begann, noch einmal (heimlich) zu kopieren. Unsere Arbeitsatmosphäre verschlechterte sich.

Aline drängte, ihr Buch sollte fertig werden. Und immer wieder brachte sie aus ihren unerschöpflichen Vorräten aus Zeitungsartikeln einen Brief, eine Deklaration, ein Gedicht…

Ich hatte aufgehört, einen Zusammenhang all dieser Papiere herzustellen.

Aber ich weiß ja nun, dass Aline es geschafft hat. Das „Plauderstündchen mit dem Papst" ist erschienen. Aber fünf Jahre nach meiner Zeit.

1999 trennten wir uns. Wie es dazu kam?

In Bad Ragaz wohnte ich im ersten Jahr in einem kleinen Hotel, später privat ganz nahe ihrer Wohnung. Diese Familie lud mich an einem Wochenende ein, mit ihnen in die Berge zu fahren. Ich bat Aline, mir für einen Tag freizugeben, ich würde gern einen Tag später nach Hause fahren. Zirka vier Wochen hatten wir durchgearbeitet, und jetzt, am Ende meiner Zeit bei ihr, wollte ich gern etwas von der Schweizer Kulisse sehen. Auf meine Anfrage erwiderte meine Arbeitgeberin ganz hart, wenn ich die Einladung annehmen würde, dann solle ich gleich nach Hause fahren. Ich habe die Einladung angenommen.

Mit dem Abstand der Jahre denke ich anders darüber.

In ihrer Geburtsstadt Danzig ist Aline Boccardo bisher unbekannt. Nach meiner Auffassung hätte sie es verdient, für ihren lebenslangen Einsatz gewürdigt zu werden.

Über Zürich, Bern, das Rheintal und Magdeburg fuhr ich letztmalig von Bad Ragaz nach Hause und entging gerade noch einer Beinah-Katastrophe in meiner Heimatstadt. Menschliches Versagen war die Ursache für das Entgleisen des Schlafwagens. In der Zeitung war zu lesen: „Die Lok ratterte auf Gleis 4, die restlichen neun Waggons auf Gleis 6, dazwischen wurde der Schlafwagen 150 Meter mitgeschleift."

Und in diesem Wagen war ich gerade dabei, mir den Mantel anzuziehen. Der aus den Gleisen gesprungene Wagen wühlte Steinstaub auf, zunächst befürchteten wir, dass etwas brennen könnte. Aber außer dem Schreck und der Schwierigkeit auszusteigen, wenn der Zug ziemlich schräg steht, hatte dieser Unfall keine wesentlichen Folgen

Im Handel bisher erhältlich:

- Auf den Strassen nach Süden
  Ein anderes Reisetagebuch Teil1
  BoD-Nr.: 1398236
  ISBN: 9783732290505
  E-Book ISBN: 9783749400867

AUF DEN STRASSEN

NACH SÜDEN

EIN ANDERES REISETAGEBUCH
TEIL 1

Anita Lehmann

- In skandinavischen Betten
  Ein anderes Reisetagebuch Teil2
  BoD-Nr.: 1312724
  ISBN: 9783746079387
  E-Book ISBN: 9783746054490

IN

SKANDINAVISCHEN

BETTEN

EIN ANDERES REISETAGEBUCH
TEIL 2

Anita Lehmann

- Sirtaki tanzt man nicht allein
  Ein anderes Reisetagebuch Teil3
  BoD-Nr.: 1366113
  ISBN: 9783748184324
  E-Book ISBN: 9783748155133

SIRTAKI

TANZT MAN NICHT ALLEIN

EIN ANDERES REISETAGEBUCH
TEIL 3

Anita Lehmann

- Späte Liebe
  Ein anderes Reisetagebuch Teil4
  BoD-Nr.:1432278
  ISBN: 9783750410282
  E-Book ISBN: 9783750483682

SPÄTE LIEBE

EIN ANDERES REISETAGEBUCH
TEIL 4

Anita Lehmann

In Vorbereitung:

- „Ein anderes Reisetagebuch Teil 6
  Arbeitstitel „Und abends wieder zu Hause oder
  Wir sind überall…."

Sollte es ein neues Reisebuch geben, dann werden Tages-
fahrten im Mittelpunkt stehen. Es gibt so viele Ziele, so
viele Geschichten.